A GUIDE
TO THE IDEAL

婚姻这件小事

黄家良　黄颖　著

RELATIONSHIP

GUANGXI NORMAL UNIVERSITY PRESS
广西师范大学出版社
·桂林·

HUNYIN ZHE JIAN XIAO SHI
婚姻这件小事

图书在版编目（CIP）数据

婚姻这件小事 / 黄家良，黄颖著. 一一桂林：广西师范
大学出版社，2023.9
ISBN 978-7-5598-6003-3

Ⅰ. ①婚… Ⅱ. ①黄… ②黄… Ⅲ. ①婚姻一社会心
理学 Ⅳ. ①C913.13

中国国家版本馆 CIP 数据核字（2023）第 076079 号

广西师范大学出版社出版发行

（广西桂林市五里店路 9 号　　邮政编码：541004 ）

网址：http://www.bbtpress.com

出版人：黄轩庄

全国新华书店经销

山东韵杰文化科技有限公司印刷

（山东省淄博市桓台县桓台大道西首　　邮政编码：256401 ）

开本：880 mm × 1 230 mm　　1/32

印张：8.5　　图：24 幅　　字数：193 千

2023 年 9 月第 1 版　　　2023 年 9 月第 1 次印刷

定价：66.00 元

如发现印装质量问题，影响阅读，请与出版社发行部门联系调换。

推荐序

婚姻小事，山高路远

《婚姻这件小事》一书从婚前辅导阶段切入，再徐徐铺开至婚后各个阶段，是一次涉入婚姻全过程的考察。而这一与众不同的方式给读者带来了对婚姻的新思考和新认识。本书作者黄家良和他的学生黄颖在多年的咨询生涯中，并没有视婚姻为所谓的"终身大事"，或者单纯地把婚姻视作幸福的代名词，而是站在客观中立的角度告诉即将迈向婚姻殿堂的伴侣，如何为接下来的婚姻之路做好充分的心理准备。

本书的第一个亮点是从婚前辅导阶段切入，指出"爱"是婚姻关系的核心所在。

作者认为，婚姻是一种有时限的契约关系，如果我们不明白这个道理，就很容易导致我们的婚姻关系障碍丛生。在家庭结构金字塔中，亲子关系、夫妻关系从来不是这个结构的核心，关键核心点是这个结构中是否能爱意满溢。爱，是决定这个家庭金字塔是否稳固的关键所在。家庭结构一旦缺失了爱，那婚姻关系便只是一个唯利是图的"利益结合体"。

本书第二个难能可贵之处，是两位老师对婚姻的主张——"恋爱一生"，恋爱能贯穿到我们生命的最后一刻。

时至今日，视婚姻为"爱情的坟墓"依旧大有人在；而本书的观点则是伴侣从相识、相知、相爱、白头偕老乃至生命的最后一刻，彼此仍然能处在恋爱的状态中。

诚然，"愿得一人心，白首不相离"寄托了伴侣双方对婚姻的期待和憧憬，但现实往往会上演一幕幕情深缘浅的悲喜剧。恋爱一生，谈何容易，这关键在于彼此是如何建构婚姻关系的，彼此愿意为这段关系付出什么，而非在不经意间处处埋坑、不自觉地破坏这段关系。

但我们不自知的是，在建立婚姻关系的时候，我们的一言一行、所思所想很容易给这段关系划上几道伤痕，导致这段关系越来越走下坡路，最终千疮百孔，走向分崩离析。但假若我们的关系能充满爱意，彼此都能全力以赴去维护、珍惜，能为了对方心甘情愿做一些牺牲，那我们的关系就能持久、稳步、健康。

本书的第三个亮点是《分手疗伤》手册。其中详细地阐述了"分手疗伤"的意义所在，以及如何疗愈自己、用曾经的创伤来滋养自己未来的人生。

当我们在恋爱或者婚姻关系中走进了死胡同，最终无可挽回而以分手告终，那么对这段关系而言，自然脱落也好、痛苦剥落也罢，始终都会带着一个或深或浅的伤口。分手辅导说的是我们如何在创伤中尽快地疗愈自己，在进入下一段关系前修正自己，避免重蹈覆辙，把一些不合适的行为和观念带进下一段关系中去，使自己构建的亲密关系更健康、持久和积极。

另外，在漫长人生路上，并没有"意外"这一说，所有的意外都是我们"蓄谋已久"的结果，海誓山盟的恩爱伴侣仿佛一夜间恩断义绝，变成老死不相往来的陌路人，甚至是面目可憎的仇人。在《分手疗伤》手册中作者列举了亲密关系的八大"黄灯信号"，剖析伴侣双方是如何从亲密一步一步走向陌生的。

婚姻关系的最终结局是悲是喜，其实在婚姻之初，甚至是婚姻关系建立前就已根植于彼此心中，也会衍生出各式各样的差异行为。假如希望能恋爱一生，你就要时刻察觉是否有黄灯亮起。反之，仅仅把婚姻视为阶段性的契约关系，对黄灯亮起视而不见、选择性忽略的伴侣也大有人在。

《婚姻这件小事》一书向人们道出究竟是什么在左右着婚姻的状态；为何婚姻会有激情四射、海誓山盟，也会有错爱成怨、一地鸡毛。此书绝对值得正在追求美好生活的你拥有；倘若仍在为婚姻关系左右为难，此书则更值得一读。

广州市心理咨询师协会会长

广东省应用心理学研究会顾问

中科院广州教育基地心理指导专家

李幸民

2023 年 3 月 23 日

序言

愿有情人终成眷属，愿眷属恋爱一生

有一位先生去找一位智者，请教他恋爱和婚姻的差别。

智者把先生带到一片麦田旁，让他去找心目中最金黄灿烂的麦穗。先生兴高采烈地走进这片壮观的麦田，没走几步便已找到一株沉甸甸、黄澄澄的麦穗，迫不及待地把它收入手中。先生继续穿越麦田，不断地发现还有其他不错的麦穗，他就一次又一次地弯腰把麦穗捡起。

就这样走走停停，等到他要迈出麦田时，发现自己手上已经抱着满满的一大束麦穗。可智者的要求是找出一株最金黄灿烂的麦穗，先生低头看着满怀的麦穗，每一株都长得差不多，他不知道该如何选择。最终先生只能把所有的麦穗都留在麦田里，两手空空地失望离去，可他忘记了自己身上早已沾满了麦穗碎。

先生告诉智者，自己没能找到心仪的麦穗。智者又把先生带到麦田旁的树林，让他尝试寻找一棵心仪的树。这一次，先生走进森林没多久就选定了一棵大树紧紧抱住，很高兴地向智者大喊"我找到了"。可没过多久，先生又发现前面不远处的另外一棵大树也很不错，正犹豫要不要放开原来的大树继续往前走时，智者说，"你来决定你自己的选择"。

先生闻言放开了大树。可走着走着，先生又无限怀念起麦田里的阳光灿烂、风吹麦浪。尽管森林里郁郁葱葱，但又略显枯燥，哪里比得上麦田里的清风拂面、阳光明媚呢？是不是应该回到麦田里继续捡麦穗？

婚姻和恋爱的区别，在于恋爱永远都能有所选择，而婚姻则是在困惑中发现困惑。假如你能在困惑中分辨哪些才是你内心真正的渴求，就能走出这片困惑的泥潭。

虽然俗话说"婚姻是爱情的坟墓"，但确实如此吗？我们需要思考一个问题：在一起的时候，彼此是恋爱还是拍拖①呢？很多人不知道恋爱和拍拖的区别：恋爱说的是两个人在关系中建立深度的情感交流，拍拖是彼此有时间在一起逛街、看电影、互相陪伴。拍拖未必需要注入很多深度的情感交流。

有人会问，那情感交流又是什么？难道我们一起看电影、刷综艺就不能有感情交流吗？我曾经问过许多前来咨询的伴侣，他们日常会聊一些什么话题。大部分人会回答聊聊平常家长里短的琐事，只是不知道为什么原本聊得兴致盎然，后面说着说着话题就会日渐减少，意兴阑珊了。最终往往是两个人待在同一个房间里，各自玩手机、打游戏度日。这种就是拍拖，不是恋爱，因为你只需要一个人陪在身旁和你一同打发时间，并不需要深入的情感交流。

---

① 粤语方言，是广东珠江口一带的航运俗语。珠江口航运发达，通常大船载货并拖一艘小船，主航道大拖小；近岸时，大船吃水深，难以靠岸，此时小船便卸货上岸，来回相依。粤语中将靠在一起称为"拍"，于是便将大小两船相靠并行称为"拍拖"。后来男女伴侣在街上相伴相依而行，人们便称他们在"拍拖"。——作者注

恋爱是有将来的，我们愿意为将来去做一些事情或者改变。可也有人说，拍拖也可以直奔结婚，反正就是找个人凑合过日子。恋爱结婚未来能带来很多精彩，彼此能相爱一生。而拍拖结婚就很容易留下诸多后患，为日后的婚姻问题埋下伏笔。

我们可以从四个维度来评估自己究竟是在恋爱还是在拍拖。**这四个维度分别是分享、共享、共情和共同学习。**

第一，分享。什么是分享？例如我今天有一件很开心的事情告诉你，而你同样很开心地接收了这个信息，同时把自己的观点拿出来分享。这种分享是带着情感表达的，无论这件事是悲是喜，我们都愿意与另一半分享，而另一半也愿意接收和参与分享。

第二，共享。在恋爱的世界里，我们彼此愿意打开心门，邀请对方进入我们的世界，而我们在接受邀约后也乐意进入对方的世界。我们随时欢迎对方的探视和游玩，但却从来不会生拉硬拽，强迫对方成为自己世界的一员。

例如我很喜欢踢球，但我从来不会强硬地让对足球不感兴趣的另一半下场，这样只会造成彼此的痛苦。而你虽然对足球不感冒，但是依然愿意在场外当我的啦啦队，为我在绿茵场上的每一次奔跑而欢呼，充分感受我在场上酣畅淋漓的快乐。彼此愿意进入对方的世界，就是共享。

相反，假如我兴高采烈地邀请你来看我打游戏，迫不及待地想和你分享游戏里的过瘾情节，可是你要不随口敷衍了事，要不旗帜鲜明地以"游戏很弱智"而一口回绝。那你觉得这是一次成功的分享、共享，还是根本没有有效沟通呢？共享是一个很重要的参考维度，当我们不愿意进入对方的世界时，我们充其量也只算是拍拖而已。

第三，共情。当面对挫折，感到心情沮丧、不愉快的时候，很多人往往会说：你看我这么难受，就不会安慰一下吗？这是一些女生和她们的钢铁直男男友之间常常会出现的对白。

如果是处于恋爱中的两个人，这种安慰是很难的。他们只能伤心彼此的伤心，痛彼此的痛。相爱的人自带感同身受的属性，当一方伤心欲绝或者义愤填膺时，另一方很难不去安慰、呵护对方，因为他／她会感受到跟对方一样的伤心、愤怒或痛苦，这份感觉在他／她自己身上甚至更强烈。

但如果我们仅仅在拍拖，那么安慰的话可以张口就来，因为在拍拖状态里，情感很容易抽离。正如我们可以冷眼旁观路人甲乙丙丁的喜怒哀乐，甚至可以毫不犹豫地捧出一碗滚烫的"心灵鸡汤"安慰对方，但一切也仅限于此，毕竟我们在此一别，可能已是天涯。

第四，共同学习。漫漫人生路，我们懵懂无知的时刻太多，只有愿意一起进步，才能一起到达婚姻的山顶。假如只有一个人拼命地向上爬，另外一个人却裹足不前，只愿意在山脚歇息，那我们将永远不能到达山顶，我们的婚姻也可能终止。共同学习说的是我们彼此都需要不断进步，而不仅仅是我一个人孤身奋斗。倘若大家都只想躺平，却还想从婚姻里有所受益，那这段关系迟早会分崩离析。相反，拍拖是不需要共同学习的，我们只是需要陪伴在彼此身边就足够了，我喜欢的仅仅是此时此刻你的模样，日后对彼此的思量抵不过今朝有酒今朝醉。

在亲密关系这条路上，你是选择站在恋爱的位置，还是拍拖的位置进入婚姻，就会有相应的后果等着你。很多人会误以为自己在恋爱，殊不知你所认为的好的感情交流，原来只是家长里短的一些玩笑话罢了。彼此的兴高采烈充其量也只是分享，远远未到达共享的层次。若只有分享，没有共享、共情和共同学习，那两个人的路（心）只会渐行渐远。

能直接从恋爱步入婚姻固然再好不过，但婚前处于拍拖状态，婚后希望启动恋爱模式，可以吗？答案当然是可以的，因为**恋爱是可以伴随终生的**。当我们愿意打开自己，邀请另一半进入我们的世界，就已经是从分享到共享的迈步。

继而我们学习彼此共情，意识到原来在自己痛苦的时候没能得到另一半的安抚并不见得是对方无情，而可能恰恰相反，他／她跟我一样深深地沉浸在痛苦当中，这源于我们的合二为一、息息相关，流淌在我身上的痛同样会流向对方的心底。当然，如果我在一旁肝肠寸断，而另一半在身旁若无其事地打游戏，那对他／她来说，可能你仅仅是无足轻重的路人甲而已。共情，在恋爱中就是"合二为一"的感觉。因此，恋爱并不仅仅是婚前的海誓山盟，它还能延绵至我们生命的终结。

在将近三十年的婚姻辅导生涯里，不乏提议我出书解剖婚姻内核的呼声。文字是有形的，但蕴含的力量却是无形的，文字所传达的思想会在别人的脑海中产生碰撞，这种力量是震撼人心的。但同时，文字也犹如一把双刃剑，好的文字能"救死扶伤"，让伤者获益匪浅；劣质文字则能杀人于无形，把伤者推上绝路。作为心理工作者，我对出书一直持有相当谨慎和保守的态度，如果一本书只是为了吆喝自己、争夺流量博眼球，而非真正帮助别人，那么出书将只会是害人害己。

然而，我目睹很多伴侣在亲密关系中明明彼此相爱，但却不知道怎样进行有效的情感交流，最终只能劳燕分飞、曲终人散；又或者是对婚姻抱持着不同观点或是误解，理所当然地迈进了婚姻的世界，把在婚姻里吃过的亏、走过的弯路、踩过的坑隐藏起来，把误解正面化伪装后传送给子女和其他人。我最终做出了写书的决定，自己犹如站在人生的十字路口，坦然地接受命运此刻的安排。本书的第二作者黄颖是我多年的学生，她治学严谨、笔锋稳健，除了在心理辅导方面有一定造诣外，更是一名资深媒体人。我们共同梳理了我从业以来的各种案例，将多年来的所思所想以及教学成果形成脉络、提炼成文。

这是一本有趣的读物，也是一本适合伴侣一起娱乐、探索的游戏书。书中有大量真实的故事，我们可以透过这些故事来反思自己的情感关系。故事主人公踩过的坑我们可曾踩过？有哪些方法可以帮助自己在未来不会一次次地踩进相同的坑，或者是跨过、覆盖这些坑？

无论是准备步入婚姻殿堂的情侣，还是新婚燕尔的伉俪，或者是已经携手多年的老夫老妻，都可以借助书里的脉络回顾自身的历程。如果我们不能觉察，那我们在未来将会不自觉地重蹈覆辙。如果我们不想在过去的问题里无限循环，想在未来走得更顺畅，我们就需要思考书中所说的观点。这些观点未必完全适合你，其实观点无所谓对错，关键是能否引发你的思考。正如"轻"涛拍岸，只要这些观点能轻叩你思海的岸畔，唤起你不同角度的思考和自省，那这本书就已经很好地完成了它的使命。

最后，对我们的读者致以最真诚的祝愿，这也是本书的主张：愿天下有情人终成眷属，愿所有眷属恋爱一生！

黄家良　黄颖

2023 年写于五羊城

（此时木棉怒放）

目录

第二篇章｜解构篇

婚姻之路，暗流涌动，从无坦途

第三篇章｜处理篇

爱的十字路口，向前迈步还是果断折返？

第四篇章 | 疗愈篇

直面真相，走出阴霾，重拾幸福

引子

婚或不婚，是人类辩论的经典主题。

有人说，婚姻是爱情的坟墓，它的存在会终结爱情；有人则说，婚姻是甜蜜的起点，就算到最后真的要栖身"墓地"，也总比曝尸荒野要幸福。他们说得都没错，但却都只说出了婚姻的一部分。婚姻从来都是 AB 两面，既有你侬我侬、琴瑟和鸣的甜蜜面，也有倦怠隐瞒、相互纠缠损耗的阴暗面。只有客观理性地洞悉婚姻的这两面，才能在决定进出这座围城时更清醒和坦然。

风雨飘摇

坐在我对面的张伟正站在"围城"门口，他不知道自己是应该继续坚守，还是弃城而去。

张伟是典型的北方汉子，挺拔阳刚，棱角分明的脸庞透露出温文尔雅的气息，放在任何一种"外貌协会"的审美标准下，都能成为头部选手。张伟的外套和裤子的配色很好，虽然并不是什么名牌，但是很合身得体，与他事业机关中层干部的身份很般配。

离婚，是他太太先提出的。张伟和太太相爱四年、结婚三年，有一个可爱的儿子。他完全没有办法接受两人的"婚姻清零"。在两个小时的叙述里，张伟从两人的相知相爱说起，到各种暗流涌动、冲突频发，再到如今婚姻的摇摇欲坠。

整个过程，张伟都表现得非常内敛和克制，直至他挽起袖子，露出手臂上触目惊心的伤痕。这半年来，他已经前前后后换了三四位婚姻辅导师，但都收效甚微，陪伴他的永远是夜班后的孤枕难眠，以及手臂上越积越多的伤痕。这回，张伟第一次到访我的咨询室。

曾经明媚

"但愿我和你，是一支唱不完的歌。"

——这是王小波在《爱你就像爱生命》里写的一句话，被张伟活学活用，写在了给太太洁莹的情书里。像所有纯情的校园恋爱一样，张伟和洁莹有着浪漫美好的相遇，他至今还记得在篮球场边他抛出的球砸到一个女孩，女孩无辜的眼神让张伟怦然心动。

张伟来自北方一座三四线城市，求学期间来到了南方的一所高校，就读行政管理专业。他成绩优秀，还是运动健将，篮球场上的矫健身姿更为他收获了不少"迷妹"。洁莹是英语专业的学妹，辅修市场营销，比张伟低两级，是班上的学霸加班花。洁莹父母都是这所高校的教授，她自小就在校园里长大，对校园的每个角落都非常熟悉。

两人相处时，更主动的反而是洁莹，她完全无视张伟"迷妹"甚众的现实，很快就跟张伟表白。相比之下，退缩和犹豫不决的是张伟，他一直有意无意地把两人的关系维系在"友情之上，恋人未满"的阶段，迟迟未能与洁莹确定恋爱关系。

这一切并非张伟自视甚高、有意摆款，或者"万花丛中过，片叶不沾身"，而是他那来自小城市的自卑在作祟。面对洁莹优秀的家庭条件，张伟自身的背景却很普通，他害怕一旦接受了洁莹，万一以后女方家长不同意，棒打鸳鸯，洁莹会痴心错付。

面对张伟的迟疑，洁莹则坚定得多，不仅主动做好高知父母的思想工作，更通过父母的社会关系，为张伟认真筹划了前途。最终，两人走到一起，水到渠成，浓情蜜意。彼时，两个人都因爱而光彩照人，每天用傻乎乎的语气，说着动人的情话，"狗粮"撒得满地皆是，美煞旁人。

张伟研究生毕业后，顺利成为体制内的一员，开始准备和洁莹步入婚姻殿堂。而早于张伟毕业的洁莹也已经是某跨国公司的中层重点培养目标，准备一年后外派到国外担任更高的职位。小两口准备先暂住在洁莹娘家，两人达成共识，决定这两三年先不要小孩，等洁莹完成外派任务后再进入人生的新阶段。

举步维艰

好的婚姻，不仅仅是初见时的甜蜜、婚礼上的动情誓言，更是两个人在磕磕绊绊的摩擦里找到继续相处的方式。从最初走到白头偕老，是一个漫长的修炼过程。

在第三次咨询时，张伟应我的提议把太太洁莹邀请到了现场，两人一前一后走进咨询室，彼此完全没有交流。第一印象中的洁莹，完全是女学霸的形象，用"腹有诗书气自华"形容她最恰当不过。一头短发并没有给洁莹带来任何颜值上的减分，反而更加衬托出她的干练和知性，婀娜的身姿也让人看不出她是一个两岁宝宝的妈妈。

故事又回到张伟和洁莹结婚后的蜜恋期。张伟在岗位上如鱼得水，洁莹也进入了新一批外派到国外岗位的考察名单，夫妻俩的小日子过得风生水起、有声有色。可惜婚姻并没有承诺每天都能开心，更不能保证在柴米油盐的琐碎日子里伴侣还能时刻体会到激情和浪漫。随着时间的流逝，张伟和洁莹渐渐发现两个人的交流开始产生了微妙的变化。

张伟所在的事业单位讲求快乐工作、准时上下班、不把工作带回家，所以张伟每天到家都比较早。身在外企的洁莹则是"加班大神"，赶项目时经常半夜三更才回家，更有着连续上班十八天的记录。这导致小两口在家的时间总存在着"时差"，张伟每天回家后通常只能面对岳父岳母，彼此除了在餐桌上日常交流几句外，基本上就无话可说了。岳父岳母对张伟总是客客气气的，这让张伟觉得自己仅仅是家里的客人，而这一切他又不知道应该如何跟洁莹说起。

小两口最大的矛盾，还是来自洁莹即将外派到国外工作两年这件事。洁莹为了外派机会摩拳擦掌备战了三年之久，马上就能进入最终名单获得外派两年的机会。而这让张伟焦虑日渐，他深爱洁莹，但长时间的分离对他来说无异于宣布婚姻"死缓"，他也无法在洁莹离开后单独和岳父岳母生活在同一屋檐下。

惧怕失去婚姻导致张伟产生了天真的幻觉，以为只要洁莹怀孕，一切就能迎刃而解。这种幻觉让他小心翼翼地在避孕措施上做了点"小动作"。结果，洁莹的外派进程因为始料不及的"意外怀孕"戛然而止。她在无奈之下坦然面对了自己即将成为母亲的"意外"使命。她努力改变角色，步入人生的另外一个阶段，直至某天她偶然发现了先生所做的一切，张伟好好先生的形象在瞬间坍塌殆尽……

"他永远不知道我获悉真相那一刻心里的痛和恨！他的所作所为不仅断送了我的前途，同时也断送了我们的婚姻。"洁莹尽量保持着自己声音的平稳，但浓浓的恨意让她连先生的名字也不愿提及。离婚是她主动提出的，她无法接受张伟对她的欺骗，更对他的行为深感不齿。

何去何从

　　世界上没有无缘无故的爱，也没有无缘无故的恨。在洁莹主动提出离婚后，她也曾无数次问自己，是哪一刻让自己对婚姻死了心？每次她给出的答案都是一致的，就是发现张伟在避孕措施上做了手脚的那一刻。

　　洁莹的怨恨全部来自张伟的欺骗，她怨恨先生用不清不楚、不干不净的方式导致自己怀孕，使自己多年来起早贪黑为外派所付出的努力全部付诸东流，这不仅仅是扼杀了这次升迁的机会，还有可能断送她整个职业生涯。从获悉真相的那一刻起，被欺骗的屈辱和怨恨就像一条毒蛇一样无时无刻不盘踞在洁莹的心底。

　　虽然洁莹并没有把这一切对父母和盘托出，但在得知真相后，她就再也没有给过张伟好脸色。她不再过问张伟的日常行踪，断然退出和张伟相关的朋友圈，除了孩子的话题外不再与他有任何交集和碰撞。在洁莹的眼里，再也看不到张伟的喜怒哀乐，他的任何情绪都再也无法在她心里引起任何波澜。

　　自知理亏的张伟对洁莹强烈的反应始料不及，他百般哀求，一再强调自己只是因为爱她、不想失去这段婚姻而一时鬼迷心窍。洁莹对张伟之后所做的一切都熟视无睹，当张伟主动找她聊天时总是敷衍了事，宁愿和"男闺蜜"交心也不愿意依赖和信任自己的先生，甚至用"性"作为一种对张伟进行"惩罚"和"制裁"的手段，导致张伟一度产生了"心因性不举"。

　　张伟固然明白自己的动机是自私的，也很清楚由于自己一时糊涂，断送了洁莹的职业生涯，但事已至此，他希望用尽余生去弥补洁莹的伤痕，同时给孩子一个完整的成长环境。敢爱敢恨的洁莹则认为孩子不能在父母凑合的婚姻中看到彼此的爱，反而是父母之间无尽的怨恨会毁掉孩子对未来婚姻的向往，长痛不如短痛；并且她也永远无法原谅张伟对自己的欺骗和伤害，这份恨随时随地会激发她内心对婚姻和对另一半的叛逆，让她时刻想脱离这段令人窒息的婚姻关系。

雨后彩虹

日子不语，依然深一脚、浅一脚地过着。

张伟一如既往地试图挽回婚姻，洁莹也一如既往地消极应对，对先生不闻不问，直至有一天张伟向她提出，想让她一起来见我。这一刻，洁莹明显犹豫了，离婚的"分离焦虑"犹如在她的心湖中投下的那颗小石子，不断地泛起一圈圈涟漪。

首次见面时，洁莹很明确地表示，希望能从我身上得到对她离婚这一决定的支持。随着辅导的深入，在后面多次一对一的环节里，洁莹一改初次见面时的高冷和克制，开始咬牙切齿地控诉自己对张伟的愤恨。这种恨固然有对张伟摧毁了自己整个职业规划的怨恨，也有对自己变得"面目可憎"的厌恶和憎恨。

一直以来，洁莹都以为自己在婚姻和爱情中始终掌握着主动权，直至宝宝的"意外"诞生以及发现先生的"小动作"。从那以后，洁莹不知道自己如何从伶牙俐齿变成了尖酸刻薄，从善解人意变成了敏感多疑，心中的恨意无时无刻不在把她生吞活剥，最终让自己变成一个只会攻击泄愤的怨妇。特别是当她产假结束回到岗位上时，看到原本属于自己的外派机会被一位能力远不如自己的同事拿走了，上司也表示惋惜。那一刻，她几乎是恨由心生。

当我问她："你还爱你的先生吗？"洁莹不由一愣，陷入沉思。是啊，抛开故意让自己受孕这件事，张伟在生活的方方面面都无懈可击，他对工作的热诚、对家庭的关爱、对自己父母的尊重、对孩子浓重的父爱……他依然是当年那个自己不顾一切、排除万难、非君不嫁的他。

他依旧每天为洁莹泡一杯不要糖不加奶的咖啡；每到周末都会雷打不动地开车到海边买新鲜的海鲜，回家再亲自下厨；每到洁莹生理期前都会提前备好暖宝宝为其缓解痛经。他记得洁莹生活中所有琐碎而重要的事，甚至很理解这一两年来太太和"男闺蜜"们故意制造的"暧昧"，以及在性事上对自己的冷落和惩罚。

就在这一刻，洁莹开始抱头痛哭。我的问话犹如一把通往洁莹内心深处的钥匙，让她看清了自己的内心，看到那被恨意掩盖得严严实实的爱，也让她开始明白，爱从哪里来、恨从哪里来，在爱恨纠缠的婚姻里，幸福又会走向何方。

01 / 万万没想到，
辅导师和来访者居然是三角关系

我不是法官，

也不是上帝，

我没办法判决你的过去，

也没办法预知你的将来。

——对于辅导师的定位（黄家良）

在婚姻辅导或伴侣辅导中，辅导师并没有任何的主角光环，他和来访者是"A—H—B"的三角关系。A 和 B 是指伴侣双方，H 则是伴侣辅导师。辅导师将以第三方的身份，协助伴侣建立起良性、协商性的对话。在辅导过程中，A 和 B 各自陈述的时间或者方式是由 H 指导和掌控的。

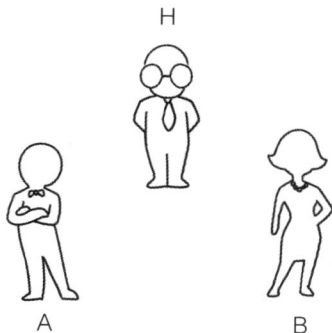

这种"三角关系"在实际辅导的过程中往往很容易被夫妻双方忽略，他们通常都会单方前来寻求辅导，而忽略了两人携手同行所带来的力量和效果。正如此前张伟和洁莹的案例，在前两次辅导中，张伟都是只身前行，妄图以一己之力扛下所有。

误区 1"单刀赴会"寻求辅导

伴侣辅导，顾名思义是指伴侣双方共同前来寻求辅导，以获取优化和舒适的伴侣关系。如果仅仅是伴侣单方前来，那只能解决个人问题。伴侣辅导和个人辅导间最大的差异在于，单方前来的伴侣，永远只能从单一角度自话自说，**辅导师无法从中看到另一方在这段关系里的表现，及双方的互动方式，也就无从协助伴侣双方建立良性的对话。**

误区 2 辅导师能给出确切答案

咨询室不乏伤心欲绝、痛不欲生的来访者，他们往往希望从辅导师那里得到确切的建议或答案。

首先我们要明确一个概念：来访者面对的是辅导师，而非咨询师。

在中国古代，"咨"和"询"原是两个词，咨是商量，询是询问，后来逐渐形成一个复合词，具有以供询问、商量、磋商等意思，有辅助决策功能，是一项具有参谋、服务性的社会活动。实际上，辅导师是在咨询师的基础上，帮助来访者就婚姻这一主题展开讨论、澄清和理顺，与来访者共同探寻解决婚姻问题的思路，并为问题的发展趋势提出预见性建议，把一切铺陈在来访者面前，**由来访者自己给出答案**，这一切的最终决定权都在当事人自己手上。

误区 3 辅导师拥有丰富的情感经历

有些来访者往往以为，只有感情或婚恋经历丰富的辅导师才能设身处地、现身说法。这完全是一种误解，辅导师只需要经过专业的培训，具备相关个案经验及督导经历来共情来访者的困扰和痛苦，无须拥有过多经历。因为在实际辅导中，**辅导师并非用自身的经验去"辅导"来访者，而是运用专业技巧将问题"还"给来访者，让他寻找出适合自身的答案。**

误区 4 触发大型吵架现场

有些来访者担忧如果和伴侣前来，彼此会一言不合就吵到不可开交。事实上，在辅导过程中，辅导师会运用**"乒乓技术"**帮助双方重新建立对话的机会。辅导师就像一名乒乓球手，同时跟球桌上的两位球手（来访者伴侣）来回击球。

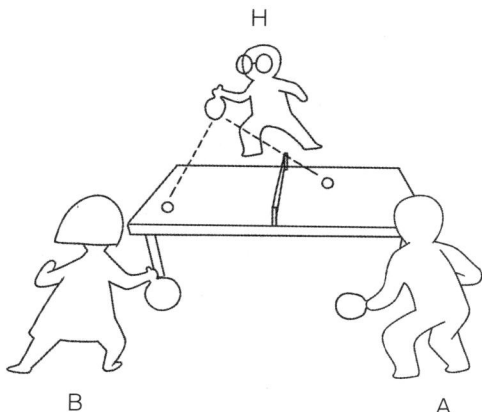

婚姻或伴侣辅导的关键，是一开始就让来访者建立起在辅导室里的聆听规则。出现沟通障碍的伴侣的日常沟通模式往往是一方在说

话，而另外一方并没有在认真倾听；或一方在表达观点时被对方毫不客气地打断。这种非良性的沟通方式很容易形成恶性循环，制造出更多的矛盾、误解和冲突，伴侣关系也因而每况愈下。

因此，辅导师的职责就是要创建双方对等的对话机会。这种对等的对话机会包括两重含义：一是要学会完整倾听，二是能在倾听后说出"听后感"。对话表面上是分别发生在 A 和 H 或 B 和 H 身上的，但事实上因为被"禁言"，A 和 B 反而都能完整、耐心地（虽然并非心甘情愿）听对方陈述，而这恰恰是他们日常生活中所严重缺乏的倾听。从对方口中，他们甚至听到了一些自己从不了解的心声。这就是伴侣间建立良性沟通的开始。

学会完整倾听是第一步，对等地表达内心的感受或感觉是建立良性沟通的第二步。

当 A 完成陈述后，H 就会邀请 B 根据 A 所说的话给出回应。要注意的是，这个回应不是给 A 的，而是给 H 的。在 H 和 B 的回应对话中，同样需要遵循辅导室的禁言规则，A 不可以插话或打断。这就令 A 放下自己原有的掌控欲和习惯，尝试完整地聆听 B 的陈述和感受，并从中发现和反思能改善彼此关系的新元素。

当 B 坦陈自身感受后，H 同样会再邀请 A 对 B 的陈述进行回应。这个过程就是 H 带着 A 进行自身和 AB 之间的"个人的伴侣对话"，也叫**自我的双向对话**。伴侣双方在这个过程中都能从不同的角度获取声音和信息，释放日常积聚的负能量，并尝试去理解彼此的关系为何日渐式微；也了解到彼此停止相互关心和关注的背后原来蕴藏了如此多的矛盾、误区，甚至是冲突。

黄家良语

婚姻从来都不是航行在波澜不惊的大海上的万吨巨轮，而仅是一条时刻需要面对暗流涌动、风雨来袭的小船，需要彼此心甘情愿且科学地为对方掌舵和摇桨。本书的故事就从张伟风雨飘摇的婚姻开始，我们会看到他和伴侣的婚姻是如何从一开始的海枯石烂，走向倦怠和欺骗，直到最后摇摇欲坠，不知何去何从的。

当两个人在磕磕绊绊的摩擦里再也感受不到昔日的浓情蜜意，需要第三方的介入来客观看待两人的婚姻问题时，专业的机构和婚姻辅导师就成为不可或缺的一环。而专业技能不足的"辅导师"容易误导来访者，甚至令其受到更大且不必要的伤害。

伴侣辅导和个人辅导确实有非常多的不同，辅导师需要同时面对两个人、两种声音、两个版本的故事，所以他需要更客观、更理性的分析力；需要把握关系中的关系，令失衡的关系回到平衡。因此，他需要懂得张弛有度的法则。

两个人的冲突是有历史缘由的，伤害带来的情绪是复杂的，所以忌"共情一方"对辅导师来说是尤其重要的。辅导师个人的特质容易引发伴侣一方的好感，而引起另一方的反感或心理落差，所以中性特质是伴侣辅导师要把握的关键。

互动练习

材料：两张白纸、彩色笔

时间：15—30 分钟

步骤：

1. 请以"我的家庭"为主题，在第一张白纸上（画纸方向不限）画出你心中所想。完成后，请在背面签上名字，代表你已经结束绘画。

2. 仔细观察自己的画，把画面深刻地印在脑海中。

3. 闭上眼睛回想画面，拿掉画面中的哪个元素之后，会让你觉得画面更舒服呢？请你在脑海中把该元素拿掉。

4. 继续闭上眼睛回想画面，画面中的哪个元素移动位置之后，能让你觉得画面更舒服呢？请在脑海中移动该元素。

5. 继续闭上眼睛回想画面，如果可以在画面中添加某些元素，会让你觉得画面更丰满且舒服吗？请在脑海中增添该元素。

6. 记住脑海中构建的全新画面，慢慢睁开眼睛，把画面画在第二张白纸上。画完后依然在背面签上名字。

7. 把两张图放在一起，找出两张图的差别所在。

注意：

整个过程不要与任何人交流、讨论，只限于个人创作。

留意步骤 1 已经在纸张上画完第一张图，步骤 3、4、5 是脑海中形成在第一张画面的基础上进行增减、在脑海中完成第二张图画。步骤 6

是把脑海中调整后的图画在纸张上画出，形成第二张图画。

解读：

问一下你自己，新旧两张图，哪张更符合你心目中的"家庭"呢？事实上，两张图的差异之处就是你需要着手改变的方向。第一张图往往代表着你期望的家庭的样子，它未必是真实的，通常投射出在现实家庭中不被满足的渴望，而这种不被满足的渴望，有时候会成为引发关系紧张和内心冲突的导火索，阻碍我们过上轻松、和谐的生活。修改后的图，更贴近于抛开理想外衣、回到现实中让你觉得舒服、自在的家，而移动、减少或者增添的元素则是现实中需要改变的元素，要重点留意它们。保留好这两张图，它们将是贯穿全书内容的一把钥匙。

拥有梦幻开局，
如何收获幸福结局？

当我们深爱对方时，当然愿意为他花开满城、明灯三千。诚如引子里的案例，痛不欲生的张伟同样有着梦幻一般的幸福开局，但拿着一手好牌却最终打得稀巴烂的人也不在少数。

　　在第一篇章中，我们将一起来看看两个陌生人从互不认识到相知相爱、步入围城，这期间会经历哪些阶段；我们又怎样通过渴望、吸引和依恋的"铁三角"，完美避开情爱的"突然死亡"，双向奔赴，进入合宜的婚姻。

02 从陌生到亲密：
快乐交流的五个层次

公司那对小情侣眼睛好像长在了彼此的身上，彼此的一颦一笑无时无刻不在演绎"一日不见、如隔三秋"，两个人之间总是散发着粉红色的恋爱味道……

隔壁家的太太总抱怨先生，拍拖的时候从来不需要加班和见客户，天天腻在一起，结婚后却每天忙得天昏地暗，导致太太像怨妇一样天天拉着一张脸……

陈大姐和老公天天为了孩子的教育问题吵个不停，以前是模范夫妻，琴瑟和鸣，如今互不相让，实力演绎同一屋檐下"最熟悉的陌生人"……

六十开外的煤老板和二十出头的"小三"爱得死去活来，他们究竟是"金风玉露一相逢"的真爱，还是赤裸裸的利益交易？

两个陌生人从互不相识，到亲密爱人，再到共结连理，最后有些伴侣能白头偕老，有些却只能黯然离场，分手不再是朋友。这当中，旁人看到的是风花雪月、撕心裂肺，或浪漫或狗血的人间百态，而辅导师关注的则是伴侣之间的交往是否出现问题。辅导师需要着眼于伴侣间快乐交流的五个层次的外在表现，确认他们目前所在的交流层次，以此观察、分析和判断来访者目前的伴侣关系和状态。

第一层：双向注意

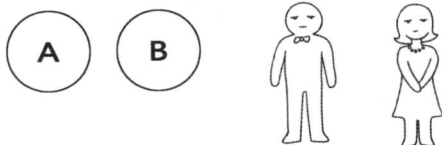

　　快乐交流的最底层，是两个陌生人之间非常浅的互相关注。随着时间的推移，双方对彼此的留意会逐渐增多，并开始有些许的眼神交汇，例如用眼神和对方打招呼，或者用眼神向对方示以笑意，但依然很少对话。即使说话也仅限于客套话，表达一下彼此的好奇而已，不会在对话中分享个人的事。

　　交流层次的第一层非常安全，每个人都躲在自我防御背后。深度交往的第一层是一个渴望认知对方的阶段。

第二层：表面接触

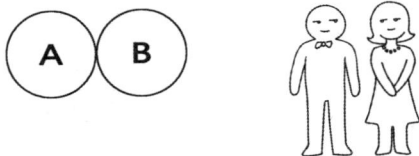

　　在快乐交流层次的第二层，彼此开始交换一些资料或信息，轻轻地打一声招呼，或用极其简单的语句表达好感。例如早上碰见时会互道早安，傍晚碰见时会顺口问一句"刚下班吗？"，看到碧空如洗的天空时说一句"今天天气真不错"。**这些对话并不会提供个人的意见，也不会透露自己的想法和感受。快乐交流的第二层是一个从渴望认识到期待相互了解的阶段。**

第三层：轻度卷入

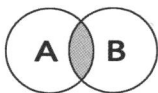

随着好感度的累积，双方开始表达一些对社会公众性言论的关注，或者表达自己的意见，增加彼此对话的机会。在这个过程中，我们就进入了快乐交流的第三个层次——轻度卷入。**真正的交流始于这个层次，彼此已经不再是单向的我行我素，而是开启了互相交流信息的过程。**在这个交流层次中，双方或其中一方愿意脱离自我保护，冒险谈一些自己的想法、决定甚至感受。例如当谈论某位名人生了一个女孩时，其中一方会表示"男生女生都无所谓，最重要的是小朋友身体健康"。

在这个层次中，双方仍然谨慎，如果感觉到自己所说的不被对方接受，则会随时撤退。快乐交往的第三层是一个从期望互相了解到建立好感的阶段。这也是一个"无恙"的阶段，但"无恙"能创造激情，也能杀死感情。

第四层：中度卷入

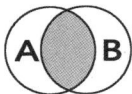

当一个人真正要和另外一个人分享时，必然会深入到感觉的分享，甚至是对事情、观念的评论，以此表露自己藏在这些事情和观点

之下的感情。

随着接触时间越来越长，双方开始进入第四个交流层次，彼此会开始表达个人感受或者对某件事的看法，最重要的是，会显示出对对方的好感，如"你今天穿的裙子很漂亮""你今天的香水味道很特别"等。

双方甚至可能有更强烈的表达或邀约，如"我的公司就在楼上，要不要上来坐一下？""听说附近开了一家不错的西餐厅，中午要不要一起去那里午餐？"。交往的欲望在双方之间悄然萌发，愿意尝试交往，产生牵手、拥抱、接吻等身体接触，愿意和对方共享原本仅属个人的私密空间中的部分领域。**快乐交流的第四层是从建立好感上升到愿意彼此体验和交流的阶段。**

第五层：深度卷入

当中度卷入越来越深入时，双方开始渴求更近的社交距离，例如从原来的相隔一米，到如今两个人的距离只有十厘米，甚至建立一个身体距离为零的亲密距离。这个时候就是第五层的深度卷入。

在最高一层里，彼此会毫无保留地分享自己，开始建立一个"联盟"，从而出现了"你是我的，我也是你的"这样的排他性，天然屏蔽掉一些外在的干预和侵入，不允许其他人进入彼此的圈子。反应在伴侣关系上，两人会建立一种紧密的、封闭性的交流，有可能两个人准备步入婚姻殿堂。

深度卷入是一个愿意彼此体验、交流融入、相互信赖的阶段。 所有深厚关系都必须基于"无私有制式"的敞开与诚实，这在彼此关系的成长中是不可缺少的。但因为有被拒绝的危险，所以较难达到这一层次，很多时候我们都无法完成这样的交流。

纵观交流五个层次的外在表现，我们一路走来，是不是最终能持续在第五层的高光时刻呢？答案毫无疑问是否定的。

深度卷入不会维系太长时间，我们极度深爱着对方的时间充其量只有三个月左右。结婚三年的蜜婚期后，很多伴侣或多或少会经历从恋爱时的恋人演变成婚后的爱人，再到生子后的亲人的阶段。在这个经历中，我们看到伴侣的关系并不会越来越紧密，而是到了紧密的极限后，会变得有所疏离。

当恋人的关系从第三层向第四层过渡时，我们彼此渴望、倾慕、追求，对对方充满好奇和期待。当这段关系从第四层向第五层过渡时，则开始进入一个封闭的状态，我们是彼此的爱人，我们的世界只有彼此，绝对不允许外部事物介入。例如，我们在度假时不允许二人世界受到外界干扰。当爱情结晶瓜熟蒂落之时，孩子就成了新的爱人，当新的爱人介入二人世界时，我们就会觉得彼此最终变成了亲人。

在将近三十年的咨询生涯中，我发现了一个现象，如果一对夫妻把对方视为亲人而不是爱人，那么他们的婚姻就会更艰难。其实，夫妻是永远无法变成亲人的，他们之间没有任何血缘关系，只会一辈子是爱人。当孩子出生后，孩子就成了两人之间的纽带，但也仅此而已，夫妻依然是爱人。

假若夫妻把彼此定义为亲人而非恋人或爱人，那么自身对待亲人关系的模式也会反映在伴侣关系上。例如，我跟父母是疏离的，那很快也会和伴侣进入疏离模式；而与父母的关系是过度依恋的人，也会演变成伴侣关系中犹如"苍耳"（粤语中有一个更为形象的名称叫"痴头芒"）般的存在，附着在对方身上。

当我们把亲人关系模式误放到伴侣关系中时，会严重影响伴侣之间的爱人关系。因此，在伴侣／夫妻关系中，最重要的是不能把孩子放在家庭的首位，而应把两个人的关系放在首位。伴侣之间彼此相爱是一个家庭最重要的核心价值，孩子成长环境的好坏，生活是否过得舒服、幸福是以此为基础的。

因此，在伴侣辅导中，辅导师需要清晰地指出家庭所应建立的核心价值观：伴侣彼此相爱。如果这个核心价值换成了子女的学业、优质的生活、个人事业的发展等，那么最初的亲密爱人最终会转变为同一屋檐下的邻居、合伙人甚至是陌生人。

03 渴望、吸引、依恋"铁三角"：完美规避情爱的"突然死亡"

热恋期如胶似漆，却又想有个人空间，这正常吗？

为什么老公和小三爱得难舍难离？老公出轨后能回头吗？

昨天关系还好好的，今天就遭遇瞬间"死亡"说要离婚？

第三者在什么时候最容易出现？

你眼中的如"猪"如"豹"一样的黄脸婆，居然是别人如"珠"如"宝"的小仙女？

情爱三阶段的理论，说的是伴侣之间的心理变化。在快乐交流的五个层次里，当伴侣从第一、第二层慢慢升至第三层时，会对彼此产生渴望的感觉，这种渴望包括性的渴望和需求，会通过语言和身体接触，向对方表达一种热烈的索取。

当彼此间的关系越来越成熟时，除了会产生对彼此的极度渴望，同时还会通过五官的信息散发出一种吸引，包括我对对方的渴望，以及我对对方渴望的接纳。在这个过程中形成了**渴望和吸引的磁吸作用：一边散发着渴望的信息，一边散发着吸引的信息**，彼此就像是磁铁一样慢慢地吸引到一起。

到了此阶段，伴侣之间就产生了**依恋关系**，会把强大的吸引力释放给对方，强大的渴望和欲望又让对方释放更强的吸引力，于是我们就产生了长相厮守的需求。在依恋关系中，我们会处于一种平和的蜜恋状态，彼此渴望、吸引和依恋，通过性的和谐与强烈的愉悦令伴侣关系更如胶似漆、水乳交融。要注意的是，当依恋适度时，彼此是快乐的；但当依恋过度甚至令对方窒息时，伴侣关系就会开始变味，甚至发生质变。

依恋关系"铁三角"

渴望	吸引	依恋
– 性的渴望与需求 – 热烈的、索取的 – 身心渐趋成熟，性激素产生	– 通过五官的信息接收而引发 – 脑内异性影像的形成：父母的潜意识形象	– 通过吸引力而产生的行为，产生长相厮守的需求 – 平和的蜜恋

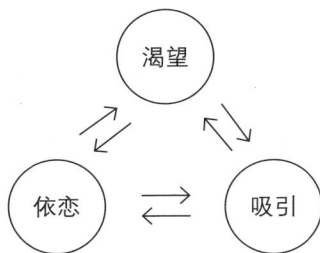

渴望

依恋　　　吸引

在伴侣辅导过程中，辅导师的职责之一就是要分辨伴侣间是否仍然对彼此存在渴望；双方是否依然愿意吸引对方渴望的眼神，或者身体的欲望。如果伴侣之间不再存在对彼此的渴望和吸引，那便很难再有建立起依恋关系的可能。

失去了依恋关系的伴侣，已经不复以往互相紧扣的亲密关系；换言之，这样的伴侣之间的关系是存在空间距离的，这个空间就好比一方站在马路的一侧，而对方站在马路的另一侧，彼此相隔着四车道的空间，如此大的关系空间自然会让第三方毫不费力地介入其中。

此时，伴侣双方的任何一方都可能出现对其倾慕的人，无论对方在你眼中如何歪瓜裂枣，都可能有其他人对他／她呵护备至。因此，才会出现在你眼中如"猪"如"豹"一样的黄脸婆是别人如"珠"如"宝"的小仙女这样的情况。

当彼此存在强烈依恋关系时，我们都会觉得对方是自己的挚爱挚宝，这就是我们常说的"情人眼里出西施"。但当依恋关系被剥离时，任何微不足道的小事都能让你觉得对方面目可憎、丑陋无比。这时候，双方眼中不再看见对方，彼此变成了"小透明"，更不会再存有任何的渴望和吸引。

因此，辅导师需要着重观察伴侣之间是否存在这种疏离甚至冷漠。在辅导过程中，当辅导师看到伴侣之间重燃吸引和渴望，愿意从疏离到建立一个紧致的空间距离时，伴侣关系就在悄然改变。伴侣之间的这种互动也使得辅导师可以分辨和诊断以做出进一步反馈。

04 踏上红地毯前，
先为亲密关系把把脉

想象一下，这是一面神奇的魔镜，能照射出你所渴望的理想婚姻状态。你可以先看一下镜面中的自己，再闭上眼睛，深呼吸后进行思考。最后睁开眼睛，把你渴望的理想婚姻状态用文字或者图画的形式，记录在魔镜内。

婚姻是两个没有血缘关系的人结成世界上最紧密的联盟，从两情相悦、风花雪月、彼此眼中只有对方的浪漫故事，到走进柴米油盐、一地鸡毛或狼狈不堪的日常，这当中的落差必然需要经过咬牙的磨合时期。磨合期的过程或缓和，或痛苦，或揪心，但双方能从中获得某种启示来重新面对和建立关系，只有经历过这一个个难熬的阶段，才能以真实的自己和真实的对方相遇。如果婚前没有经历这条必经之路，那么这些难熬的过程就会在婚姻中走一遍，甚至一而再再而三地"蹚入同一条河流"。

婚前没有看到的问题，婚后必将会在亲密关系中膨胀、突显，甚至恶化。这些问题为什么在婚后才出现，而在婚前不能被一一拆解呢？人们常说，相爱容易相处难，恋爱时我们呈现给对方的都是最美好的一面，而当我们真正共同生活时，各种琐事的差异都会不请自来。例如，伴侣的一方每天只刷一次牙，另一方却每一餐后都会认真刷牙；又例如一位喜欢如厕的卷纸方向朝内，另外一方则喜欢朝外，小小的卷纸每天就被翻来覆去地转向。这些看上去微不足道、琐碎得不能再琐碎的小事，每天都会反反复复上演，再细小的事久而久之都会成为"压垮骆驼的最后一根稻草"。

倘若我们有一些方法能帮助伴侣在婚前就发现问题，并就这些问题达成共识、求同存异，那么婚姻中那些很痛的经历、无法面对的故事也许就可以避免。因此，**婚前辅导的目的可以归纳为四个方面：求**

同存异、意见一致、一起面对、共同承担。

从这个角度来看，婚前辅导就是给我们的亲密关系提前把脉，用客观的方法为即将迈入的婚姻"治未病"，让伴侣婚姻品质的提升、婚姻理想的实现、孩子健康的成长都能够得到保障。其中，最重要的一点是，**保障彼此的相爱是持续的相爱，避免因结婚这一事实而让伴侣丧失了相爱的能力。**

人们常说，上岗需要培训，但却有两个没有经过岗前培训就上岗的岗位，其中一个是父母，另一个则是迈入婚姻的夫妻。婚姻需要伴侣在精神、心理以及生活上相互付出，努力、磨合、接纳和谦和，不然纵使曾经真爱无敌，最终也很难共同走下去。

大多数中国人都非常缺乏婚前教育，伴侣间交往、相爱和步入婚姻殿堂这三部曲一气呵成。婚前辅导（Pre-marriage Consultant）是提供给未婚伴侣的相关课程，让他们在婚前学习如何面对真实自我，给双方一个更深入了解彼此的机会，借此洞悉婚姻的意义和家庭的内涵，学习和预备经营婚姻的方法，共同建构属于彼此的家。

05 没有最好，只有合适：
合宜婚姻的双向奔赴

有不少人可能会说，"我想要一个成功的婚姻"，这个观念大家需要注意，因为婚姻是没有成功一说的。如果心里预设了成功，也就是承认婚姻里会有失败。在婚姻之初，你已经帮自己预设了一个失败的可能，或者埋下了一个这样的伏笔。

我们常说"心想事成"，我们心想与事成的应是一个合宜的婚姻。婚姻所说的是两个人或者两个家族的关系，例如我们会说，"成亲""秦晋之好"或"联姻"，这些说的都是两个人或者两个家族的利益关系的结盟，反映的都是合宜的婚姻。

因此，别说我想要一个成功的婚姻，别给自己这样的心理暗示，否则就是无形中给彼此的关系下了一个"诅咒"。

婚姻建构了利益共同体

首先，我们需要了解婚姻是什么。很多人觉得婚姻就是两个人结婚，事实上婚姻远远不是两个人结婚这么简单，也不是两个家族的简单结合。在这一点上，我们要时刻保持"人间清醒"。婚姻，并不只是相爱的最终指向，而是一系列复杂因素综合的产物。

婚姻，说的是两个利益共同体结盟。

想收获一个合宜的婚姻，或者希望婚姻能恒久持续，首先要有一个认知的准备：合宜的婚姻究竟是什么？

婚姻具备一个重要的元素：**社会性契约**。理想的婚姻，除了社会性契约，还有另一重要元素：**恒久性**，即婚姻能维持恒久。

所谓社会性契约，即视婚姻为一个由双方签订的合法契约行为。而契约行为是有时限的，因此如果我渴望的合宜婚姻仅具备恒久性，即期望婚姻能恒久维持、永远不变，其实它就不是一个精准的契约关系。

这种观念虽然称不上颠覆性，但肯定也打破了惯常思维。以往人们常说的终身大事，很少会去思考契约的时效性。其实，就算是至死不渝，也同样是给婚姻确定了时效性，只是这个时效性是以寿命为长度的。另外，在社会性契约中还有一个重要概念，婚姻也是一种社会契约，而我们都是社会人，在婚姻中两个人要清楚各自扮演着怎样的社会性角色，及承担怎样的社会责任。

因此，在婚姻的社会性契约层面，我们要清楚地知道**契约的时长、契约中的角色和功能**。

婚姻的多种形式

婚姻有很多不同的组合形式，大家不妨看看自己的婚姻属于哪一种。

1）惯于冲突的婚姻

这种婚姻形式就是人们常说的"不吵没激情，不打不相爱"，用网络语言来归纳就是"相爱相杀"。有一些夫妇很喜欢吵架，上至国家大事下至鸡毛蒜皮，都可以随时点燃他们吵架的激情；有一些夫妇则经常打得轰轰烈烈，但上午打完下午就牵着手亲亲密密逛街去了。我们把这种婚姻称为"惯于冲突的婚姻"，他们会以冲突、吵架和打架作为日常的相处模式，如果让他们不吵架，他们的相处就会平淡如水甚至无话可说。

2）毫无生气的婚姻

夫妻就像是同一屋檐下的两个陌生人，早上起床互道早安，睡觉前互道晚安，说一些诸如"吃饭了没有""今天天气不错"等简单浅层的交流，就好像回到了两个陌生人第一次相见的样子。两个人甚至根本不愿意回家吃饭，没有一个共同生活的模式，回家就进各自房间关好房门，有如合租的房客。

3）被动式契约婚姻

这种形式说的是，并非你自己想结婚，有可能是父母的强硬要求，对方也并不是你想要的，而是由父母"指派"的人。在婚姻中，你觉得自己就像被"绑架"了一样，你父母不给你真正爱的人机会，还把你不爱的人硬塞给你，但为了家庭的安定团结，你就只能被动接受，做一回孝顺子女。

这种被动型的契约婚姻如果想往好的方向发展，需要当事人花费很长的时间。但仔细想想，在自由恋爱的时代，如果父母真的能强迫你去结婚，那这个婚姻里真的完全没有你想要的东西吗？——暂时停止把责任归结到父母身上，扪心自问一下，是否存在可能，这种强硬结合也许是你潜意识里的一种需要呢？

4）生气勃勃的婚姻

在生气勃勃的婚姻中，旁人常常能看到夫妻两人"撒狗粮，晒恩爱"，他们不但在家里会有说有笑，有活动有情趣，而且也经常能听到他们谈论"我们准备去旅行""我给对方准备了惊喜礼物"等。他们就像每天都在过情人节，甚至还带动身边更多的人享受他们婚姻里的快乐和生机，害得一众"单身狗"的羡慕妒忌恨无处安放。

生机勃勃的婚姻固然美好，但也要留心，有时候"狗粮"撒给自己就好了，不宜炫耀得过于高调。人是奇怪的动物，幸福炫耀得多，就很容易会慢慢减少。虽然拥有生气勃勃的婚姻，但内敛一点能令两人的关系更持久，尽量用科学的手段和方法让生气勃勃的时间延长。合宜的婚姻并不仅是三五年的生气勃勃，细水长流才能更持久。看看你的婚姻是不是这样？

5）互爱的婚姻

互爱的婚姻里有几样很重要的元素，大家可以看看自己的婚姻是否也具备。两个人以心相爱，婚后两个人都好像依然在恋爱一样甜蜜，更没有被"婚姻是爱情的坟墓"之类的说法误导。两个人相识、相知、相惜，互相都认可对方对于自己最宝贵，甚至会觉得对方是自己生命中那个最重要、最不可替代的角色。这就是互爱的婚姻。

真正互爱的婚姻，是夫妻二人不仅拥有爱情，而且有能力持续恋爱，两个人在婚姻中活力满满、恩爱有加，更不乏思想上的碰撞，产生不同观点之间的火花，而且这种火花无论有多么强烈，都无须担心会伤害到彼此的关系。

互爱的婚姻还有一个很重要的元素，就是两个人的价值观相同。价值观相同是说两个人对事情的重要性和一些规则的看法基本一致。

这是决定伴侣能否相恋一生、婚姻有无可能延续三五十年的关键所在。

不同组合形式的婚姻，没有好坏标准。如果自己在某个组合形式里并未感觉受到损害，亦没有给别人带来损害，那么，维系比改变更有意义。

06 *你准备好了吗？*
单身贵族的终极灵魂拷问

无论是准备步入婚姻殿堂，还是已经在围城里多年，我们都可以做一个假设：假如时间可以重来，我是不是能做一个婚前心检呢？

婚前自我心检能帮我们确知，在双方的共同期待、共同目标和彼此需要中，有哪些因素是被忽视的。

所有的问题都没有标准答案，忠于内心的真实想法即可。

灵魂拷问1：

我做好结婚的准备了吗？

请男生和女生各自写下答案。

<table>
<tr><td align="center">**男生**</td><td align="center">**女生**</td></tr>
<tr><td>_____</td><td>_____</td></tr>
<tr><td>_____</td><td>_____</td></tr>
<tr><td>_____</td><td>_____</td></tr>
</table>

灵魂拷问 2：我对婚姻有什么期待？

结婚的准备并不仅仅是房子、车子这些物质上的准备，还有两个人是否愿意在未来十年、三十年，甚至五十年里共同生活。假如时间倒流，我跟另一半准备结婚了，但其实我还没有准备好，那是哪些方面有所缺失呢？请写下来！

男生　　　　　　　　　　　　　**女生**

_____　　　　　_____

_____　　　　　_____

_____　　　　　_____

_____　　　　　_____

你可能会说，未来几十年的事情怎能未卜先知呢？其实两个人无论准备携手走多久，都取决于一个很重要的元素——共同期待。你需要知道两个人的共同期待，进而了解你们两人各自理想中的家或家庭是怎样的？理想的婚姻又是怎样的？

假如前面的功课已经做了，你可以翻回第 4 节看看互动的内容，对于家庭和婚姻，除了期待中一致的部分，还有哪些不同？在这些不同里，是否能看到彼此期待的差别？修正或让你们的期望趋向一致，或是让彼此的期望能互补，会令你们未来的生活之路更加清晰，更容易走。

灵魂拷问 3：除了共同的期待外，我们有哪些共同的目标呢？

把心目中理想婚姻的目标具体化。请男生和女生各自写下答案。

男生   **女生**

————————————————   ————————————————

————————————————   ————————————————

————————————————   ————————————————

————————————————   ————————————————

    无论是已经步入婚姻，还是仍在徘徊，如果两个人的生活没有共同目标，婚姻就很容易缺乏活力，甚至频频产生冲突。

    举一个浅显的例子，先生说想要两个孩子，太太却说生孩子辛苦的是自己，每次都好比在鬼门关走一趟，我只愿意生一个。这就是现阶段两个人在生育问题上的巨大分歧。但也不乏有一些家庭在一胎出生后斩钉截铁地说不会再生，结果很快就"三年抱俩"，子女双全。这又是为什么呢？

    这其实是因为共同目标在生活里会动态调整和变化。是什么令目标产生了改变？目标改变后带给我们一些很现实的变化又是什么呢？**如果我们的婚姻目标不能具体化，那么我们就很容易生活在理想化的虚幻婚姻里，而这会令伴侣之间现实的冲突和矛盾日益彰显，甚至慢慢令两个人无法携手走下去。**

灵魂拷问 4：我们能确切地知道对方的需要吗？

请男生和女生各自写下答案。

男生	女生
＿＿＿＿＿＿＿＿＿＿	＿＿＿＿＿＿＿＿＿＿
＿＿＿＿＿＿＿＿＿＿	＿＿＿＿＿＿＿＿＿＿
＿＿＿＿＿＿＿＿＿＿	＿＿＿＿＿＿＿＿＿＿
＿＿＿＿＿＿＿＿＿＿	＿＿＿＿＿＿＿＿＿＿

　　知不知道彼此的需要，同样是婚前自检的重要事项。很多人都会说结婚几年后，老夫老妻就好像左手拖右手一样毫无感觉。其实，左手拖右手同样是有感觉的，并不是你没有感觉，而是你麻木了。

　　是什么令伴侣在婚姻中越发麻木呢？——彼此忽略了对方的需要。

　　新婚伊始，我们都很愿意重视和关注彼此的需要，而随着共同生活时各种琐事逐一涌现，之前的重视和关注就会逐渐麻木。生意合伙人可以相互磨合，**但两个人的婚姻并非通过磨合而来。**如果两个人慢慢磨合到毫无棱角，彼此就都不知道对方需要什么了。这不是磨合，而是麻木。

　　两个人在一起是需要火花的，这种火花不是在磨合中生发的，而是通过很清楚地知道彼此都可以有自己的观点，可以拿出来讨论；你有你的私域空间，我也有我的独立空间；不仅如此，我们也有共同的空间，可以获知彼此的需要。

黄家良语

　　婚前问问自己，我愿为这段关系"牺牲"什么呢？既然婚姻是两个利益共同体的联盟，若只是索取而没有付出"牺牲"，那这个结盟就是虚构的。婚姻中的关系，应彼此接纳而不是隐忍；应彼此理解而不是谅解；应彼此能对矛盾深入探讨，而不是冲突式的赌气。

　　步入婚姻殿堂会使一个人的精神境界不断扩展，而不是一种对自我的束缚。在一起，彼此找到了真正的自我；远比为了在一起，彼此压制自己，努力去满足对方的期望更充满激情、更有勇气。

　　张伟第一次到访后，我就让他完成"作业"——《奥尔松婚姻质量问卷（ENRICH）》【美国明尼苏达大学心理学家大卫·奥尔松教授（Dr. David Olson）在 1981 年将已有较好信度和效度的"婚前预测问卷（PREPARE）"作为基础，编制了《奥尔松问卷》，以下简称《奥尔松问卷》】。

　　这份"作业"虽然并不能百分百评测出他的婚姻质量，但能让他对自己和伴侣的想法有更直观、深入的了解。同时，我也能凭此判断张伟对婚姻质量的满意程度，识别婚姻可能存在的和需要解决的问题及核心冲突，从而为提升婚姻质量提供针对性的建议。

　　第二次见面后，我又给他留了家庭作业，让他下次把太太洁莹邀请过来，我要听听双方的声音；同时双方一起完成《婚姻九大维度相处模式分析》达成共识。如果《奥尔松问卷》侧重于发现问题，那么《婚姻九大维度相处模式分析》则把焦点放在了解决问题上。

　　在本章的互动练习里，你也可以和伴侣一起思考这些并不简单的问题，这将有助于你们做出一个承诺。祈愿你们在回答问题的过程中一切顺利；婚后能永浴爱河、恋爱一生！

和伴侣吵架的时候，每次都是你先偃旗息鼓吗？

子女是真爱的结晶，还是引爆婚姻矛盾的主要来源？

先生的职业生涯比太太的更重要吗？

你希望回到家时有怎样的感觉？怎样的环境会让你感到安全、快乐？

你们对年收入有怎样的期待？有没有想过会在什么时候达到这个预期的最高值呢？

如果你们当中的一方迷上了别人，你会怎么办？

你们日常会相约一起吃饭吗？是早中晚的哪顿饭？如果在家，谁负责买菜和做饭？吃完饭后，又是谁负责收拾碗筷呢？

对方的原生家庭在你们的小家庭中占据什么地位？

生孩子会给你们现在的生活带来多大的改变？

在同哪些人交往时需要你们夫妻共同出席？

你们有共同的精神活动吗？如果没有，是否需要开拓一些以丰富两人的婚姻生活？

婚姻的殿堂从来不止有欢声笑语，伴侣间从脾气性格到生活习惯的碰撞、融合、再造的过程，都在其中上演。上文提到的问题，你们在结婚前有没有了解和思考过呢？其实，日后婚姻的质量和幸福程度就藏在这些十分细节的题目里。

正如前文的小结所说，《奥尔松问卷》侧重于发现问题，《婚姻九大维度相处模式分析》则把焦点放在解决问题上。婚姻和人的身体一样，也需要免疫力，免疫力越强的伴侣，婚姻的幸福感就越强；免疫力差的伴侣则很容易"一病不起"，小小的争吵也可能会终止婚姻的生命。《婚姻九大维度相处模式分析》从家、金钱、工作、性、健康与食物、家庭、孩子、社交和朋友、精神生活这九大维度出发，有助于我们精准解决《奥尔松问卷》所发现的问题，让伴侣能求同存异、意见一致、共同面对、共同承担，从而提升婚姻的免疫力。

婚姻之路，暗流涌动，从无坦途

爱情可以有惊天动地的狂喜，可婚姻往往并不轰轰烈烈、缠绵悱恻，而是平平淡淡、细水长流。婚姻之路犹如夫妻二人携手负重登山，只有彼此充分信任、理解、接纳和支持才能顺利登顶。缺乏信任的婚姻，注定举步维艰。而原生家庭给婚姻双方带来的差异，再加上不期而遇的"第三者"，以及诸多始料不及的"隐形炸弹"，如果处理不当，也都会令婚姻殿堂摇摇欲坠。

　　这一章节的互动和思考中提出的问题或许是你从未考虑过的，又或者需要你重新探索过去的经历、诉说发生在自己身上的故事，这些回忆或许能温暖你的内心，但也可能触发你过去的感情创伤。在你和伴侣一同努力解决婚姻冲突前，愿你能挑战自己、挥别过去，并从中获得身为一个独立个体的深刻见解。

07 童年逆境：
童年温暖一生 VS 终生治愈童年

　　郭家和杨家是世交，郭太太和杨太太怀上小孩的时间差不多，可惜郭先生和杨先生在小孩出生前都不幸意外身亡，留下两位大着肚子的太太猝不及防、泪目相对。

　　郭太太个性坚韧，伤心过后一抹眼泪只身跑去内蒙古，在人生地不熟的环境中生了小郭，凭借自己的双手和小郭相依为命。小郭自小就处于放养状态，一直以当一名小牧民为终生志向，长大后跟随的也是连三四线民校正规文凭都没有的老师，每天活在"天苍苍野茫茫"中，放羊跑马。幸运的话能被前来旅行的各方游客拍个视频发上短视频平台，说不定能一炮而红改变命运。

　　杨太太个性相对软弱，依赖性比较强，丧夫后很快改嫁富豪排名榜上的某富豪，过着锦衣玉食的阔太生活。富豪爱屋及乌，对小杨视如己出，从小就给他铺设好发展成世界 500 强 CEO 的道路。富豪还邀请各路大咖给小杨上课，贵族精英课程一个也没落下，更不乏享誉全球的常春藤名教授加持，为小杨"开小灶"。在小杨的人生字典里从来就没有"不行"两个字，闯祸了有妈妈和富豪老爸守护，读书不好有常春藤教授罩着，人生一路开挂，随便躺赢。

　　故事的戏剧性在于我们总是猜对了开头，却没猜对结局。最终，走向人生巅峰、迎娶"白富美"的居然是笨小孩小郭，而那个被视为

"人中龙凤"、被寄予厚望的小杨却惨淡谢幕。这个关于原生家庭、童年逆境和后天教育的故事放到武侠小说里，就是金庸先生的《射雕英雄传》，两位男主分别叫郭靖和杨康。

很多人终其一生都在跟原生家庭纠缠，或许因童年时和父母的爱恨纠葛，或许因不被爱、受虐的童年，以至于把自己成年后的各种不快乐都归咎到原生家庭上。

在后续的咨询中，张伟多次提及和洁莹原生家庭的差异让他在这段婚姻里一直未能自如自洽，相比从小在高知家庭长大的洁莹，张伟的内心始终住着一个来自三四线小城市、父母只是普通工人的自卑小男孩。是不是所有家庭都会带给我们成年后自定义的创伤呢？

回首前路，我们的童年究竟经历了什么？在童年中，我们总会经历顺境和逆境，而从小被宠爱、泡在蜜罐里长大的孩子，日后的人生不见得会是一路坦途，因为童年过于顺遂，很多隐藏的问题会在成年阶段涌现。那遭遇过童年逆境是否又代表着成年以后会人生惨淡？

并不是必然，我们也常常看到很多人在逆境中抗挫能力更强，反而会更优秀。究其所以，是因为童年逆境也会分成正向和负向的，正向逆境给我们带来意义，让我们能在挫折中学习，给我们的人生带来更好的成长阅历；反之，负向逆境给我们带来阴影，影响我们的身体和心理健康，让我们陷入挫折、终生纠缠，需要穷极一生治愈那段不幸的童年经历。

无论逆境还是顺境，人生都会充满程度不一的不快乐。不快乐因子源于我们从小到大的成长经历和感觉，当某些经历为我们带来不愉快甚至痛苦的感觉时，这些经历就自然而然地被压抑在了潜意识里。

为了逃避痛苦，我们会衍生出一系列适应策略的行为，让我们在这些经历中不再痛苦，令我们可以自我麻醉，寻求自己认可的快乐。

这种机制在我们的潜意识中自动运行，随着年岁的增加，这些不愉快的痛苦经历可能在意识层面已被慢慢淡忘，但因为它们而发展出来的应对方式和行为依然会运行，而且可能已经成为一种不断重复的行为习惯。

这些行为习惯犹如怪兽一样隐藏在我们的心灵深处，不知不觉地操控着我们每一天的行为、我们与他人之间的关系，以及我们对事物的看法和对环境的接纳程度。当某个与童年类似的痛苦情景再次出现时，这个怪兽就会在内心的深处浮现，主宰并控制我们的情绪行为。例如，痛苦情景出现时，我们的怨恨、妒忌和应激情绪都会涌现，蒙蔽我们的眼睛，成为我们的盲点，使我们更加不快乐。而这些怪兽，就是一些不良的**"心理成长模式"**。

作为因孩提时代的特殊经历而发展出来的适应机制，常见的心理成长模式有九种，它们分别是被遗弃心理成长模式、剥夺心理成长模式、失去信任心理成长模式、服从讨好心理成长模式、挫败心理成长模式、不被爱心理成长模式、受伤害心理成长模式、完美主义心理成长模式，以及极端自我心理成长模式。在这个章节里，我们将着重述说前四种与家庭关系密切相关的心理成长模式。

心理成长模式

名称	特征	源头	需要
被遗弃心理成长模式	害怕失去关系，像芒草一样拼命贴紧关系，会强调、要求对方不能离开，或要求对方对自己绝对忠诚。他们占有欲强、杞人忧天，常担心对方会离开自己，不断寻找纠缠的理由，好让自己远离孤独和恐惧。但越想抓紧并黏着对方，便越会把对方逼跑，从而又重复了被遗弃的恐惧。于是对下一段关系会抓得更紧……进入恶性循环。	儿时曾有被遗弃的感觉。父母离异或者去世；有不可靠或感情疏离的父母；被疏忽照顾。	安全感
剥夺心理成长模式	要求别人付出，感到永远都不够。重点是他们不会告诉别人自己想要或需要什么，认为不用说明别人也应该知道。但当对方无法满足自己的需求时，便会产生怨恨和愤怒。虽然有时也会像父母一样照顾他人，但同时需要对方给予相当的回应。这种行为会令对方对其敬而远之，而这又会强化下一次不良的关系行为，成为强迫性循环。	父母漠不关心，冷漠的家庭模式，童年成长感受不到被关爱和重视。	超额关心

名称	特征	源头	需要
失去信任心理成长模式	认为任何人都是信不过的。即使看起来是正面的事件，也是有陷阱的。极容易猜疑、想法固执，只要稍稍被冒犯，便会充满敌意、愤怒和怨恨。	童年时被亲近的人欺骗、伤害过，或受到暴力虐待等。	安全感
服从讨好心理成长模式	典型的"乖孩子"，内敛少言，总以为自己的情绪需要是无关紧要的，讨好别人而轻视自己，别人的需要常凌驾于自己的需要之上，不会表达自己。缺乏主见，过度取悦他人，心中有怨言而不会表达出来；用和蔼可亲的伪装来掩饰内心的不满和遭遇挫折的愤怒。	有强烈操纵欲的父母，父母的权利远超过常理，自己的需要永远不受重视，长期过度压抑，不可以有自己的观点意见，不允许有参与决定的机会。	需要被照顾到自己的情绪和需求

40 岁的华悦是一家世界 500 强跨国公司的高层，现在是城里热门的"单身贵族"。此前他曾有一段短暂的婚姻，最终无疾而终，也没有小孩。华悦说话温文尔雅，衣品悦人，举手投足非常得体，可这位风度翩翩的绅士却情不自禁地在咨询室流下了热泪。

酷爱摄影的华悦在最近一次去云南采风的旅途中认识了上海的 Kelly，风花雪月的缠绵故事在彩云之地浪漫上演，华悦一心认为 Kelly 正是他心目中能共度余生的良人。可惜当各自回到现实生活时，华悦发现 Kelly 对自己的态度忽冷忽热，自己仿佛永远只是 Kelly 的一个"备胎"。传统思维中"玩世不恭""放荡不羁"的性别属性在华悦和 Kelly 这里似乎互换了，他甚至觉得自己仅仅是 Kelly 发泄欲望的随机对象而已。

让华悦不能释怀的是，自己抱着一颗期待安定家庭生活的结婚之心，可为何这些年却总是所托非人，要么就是发现对方不真诚、太功利，要么就是不经意间变成别人的"备胎"，或是总陷入"第三者怪圈"的痛苦纠缠。

华悦年轻的时候也曾经有过一段"万花丛中过，片叶不沾身"的岁月。但随着年龄的增长，现在的每一次恋情，他都心心念念想跟对方向着结婚而去，可对方总是以各种理由推诿拖延。他以为是自己太忙于工作而忽略了对方，于是经常送礼物嘘寒问暖、事无大小向对方随时报备，可换来的却是对方的逃离。当开展新的恋情时，华悦希望能更紧地抓住对方，可往往每次都让对方离开得更快、更决绝。

"是我不配得到爱吗？为什么我爱的人总要离开我……"在和辅导师咨询的过程中，辅导师知道了华悦还有一个姐姐华婕。姐姐是一名小提琴演奏家，从小就是"别人家的孩子"——弹琴厉害，成绩又很好，一直备受全家宠爱。而华悦则从来没有享受过这种被宠爱的感觉，由于父母忙于工作，他在上学前一直是"留守儿童"的状态，在老家和外公外婆同住，每天都羡慕姐姐能和爸爸妈妈在一起。

读小学后，华悦搬回城里和父母及姐姐一同居住，但他总觉得爸爸妈妈的目光只会惯性地投向姐姐。华悦很珍惜在爸爸妈妈身边的日子，虽然姐姐依旧是全家的焦点，但他发现只要顺从爸妈的意思，或者每当自己递上满分的成绩单或者获奖证书时，爸爸妈妈就会对他露出笑脸。高考时，为了让爸爸妈妈满意，华悦放弃了自己喜欢的化学专业，而报读了爸爸妈妈心中的黄金学科——金融学。

毕业后投身金融业的华悦如今事业有成，可在情场上却荆棘满途。他不知道小时候的经历是否对自己的婚恋观产生了深刻影响，他只知道自己毫不快乐，逢年过节，别人出双入对，分外甜蜜，而陪伴自己的永远只是浴缸旁的一杯红酒……

华悦在事业上很优秀，身旁不乏很多优秀的女性主动追求他，可他在感情路上却很容易陷入"知三当三"的怪圈，很难在稳定的关系中收获快乐。

在不快乐的华悦身上，我们看到了几种心理成长模式交叠的烙印。从小只能在外公外婆身边当留守儿童的华悦，身上最明显的首先是"被遗弃心理成长模式"和"剥夺心理成长模式"。他极度害怕失去和父母之间的联结，同时由于姐姐的光环过于强大，他感觉自己永远是"多余"的一个。由于感受不到父母的关爱和重视，激发了华悦内心"被遗弃"的因子和事事想去争夺、而表面又满不在乎的性格。

这种模式自然而然地复制到了华悦成年后的伴侣关系中：他总害怕对方会离开自己，以至于不断地寻找纠缠的对象，甚至有一段时间不停地充当第三者，陷入了"第三者怪圈"。他通过这种快乐和痛苦并存的纠缠，让自己有片刻远离孤独和恐惧的机会。与此同时，华悦很少对对方说出自己的期许和需要，只会在日常生活中紧紧地"抓住"对方。而在一次次的分离和开展新恋情的过程中，这种"抓握力"的强度每次都螺旋叠加。这种强迫性的循环导致对方敬而远之，越来越快地想逃离和摆脱这段令人窒息的关系。

由于习惯了过度取悦父母而压抑自己的需求，"服从讨好心理成长模式"就会形成。华悦成为旁人眼中典型的"乖孩子"，甚至连高考志愿都是顺从父母的要求，以此换取他们的关爱和重视。只是这种关爱和重视背后的代价是华悦从小被过度压抑的情绪和需求，他没有学会如何表达自己。在和 Kelly 的交往中，华悦一心一意把对方视为结婚对象，但他总以为"确认过眼神"，对方是懂他的人，便吝于言辞。只可惜，Kelly 仅仅对若即若离的关系感兴趣，完全没有考虑过成家立业的可能，这导致彼此的需求完全不同。

在后续的咨询中，我让华悦看到了他自己不快乐的症结所在，安全感不应依赖别人供给，而要靠自己建立。其次，能清晰表达自己的需求，远胜于让别人猜度自己的内心所望，也更能使关系健康化。

08 始于爱情败于相处，差异是婚姻的"照妖镜"

如果恋爱的关键是两个人的情投意合，那么婚姻讲究的就是两个人的"三观"契合。这里的三观不必要上升到世界观、人生观、价值观的高度，**婚姻中的"三观"指的是金钱观、"性"福观和审美观**，它们悄无声息地融入生活的每一个细节，散落在日常生活的一地鸡毛中。

婚姻中的两个人在成长中有不同的阅历、经验，这一切都会导致二人对事物看法存在差异，它们犹如婚姻的"照妖镜"，双方的真实面目都能在朝夕相处中无所遁形。这些差异往往让人如鲠在喉，不吐不快。但如果把这些不舒服藏在心底、默不作声，不愿意开诚布公地谈论，日积月累的差异就会沉淀为婚姻关系的暗雷，总有被引爆的一天。要知道，谁也不是谁肚子里的蛔虫，有时候就算确认过一万次眼神，对方也未必是懂你的人，而冲突就在这些以为彼此都懂的相处模式里滋生、潜伏、伺机而动。

婚姻中的主要差异可以分为性取向差异、第三方关系差异（父母、工作、孩子、爱好、信仰等）、成长背景差异、性格差异和金钱观差异。这些差异引发的各种冲突如果未能解决好，曾经的亲密关系就会逐渐进入互相退避、相互攻击、你赶我闪的状态，最终双方渐行渐远，璀璨的爱情花朵就在婚姻中悄无声息地枯萎了。

　　永烈和清如是一线城市某所 211 高校的大学同学，毕业后两人水到渠成地步入了婚姻殿堂，住进了一起贷款购买的新房，小两口日子过得相当甜美。清如是本地姑娘，家里的独女；永烈来自隔壁省份的三线小县城，还有一个哥哥，也在同一座城市工作，事业发展得不错，已经结婚生子。

　　永烈的父母准备从县城到城里住一段时间，永烈准备让他们到自己家里暂住，他跟清如提出把主卧让出来给老人家住，夫妻二人先到书房里住一段时间，可清如却完全无法接受这个提议。永烈认为自己是老小，从小备受父母宠爱，父母到城里来肯定要邀请到家里尽孝。清如则认为家里空间太小，永烈哥哥家里空间宽裕，建议让老人家直接住到那边会更好。两个人各执一词，开始了婚后的第一次激烈争吵。

　　清如：你爸爸妈妈来住多久？

　　永烈：可能要住上三五个月。

　　清如：如果他们来住，我就不回家了。

　　永烈：你这完全是无理取闹，你究竟有没有孝心？你的道德和人品都很有问题，看来我跟你结婚错了。

　　永烈和清如这种相互攻击、各不退让的状态一直持续到永烈父母到来。老人到来后表示可以住酒店，但永烈坚持让他们住在家里。清如便每天很晚才下班，回家打个招呼就直接进了房间。尽管她多次想跟老人说同住有诸多不便，但顾虑永烈，便只能勉强把想法压在心底，可也扛不住自己整夜整夜地失眠，导致她与二老相处的态度越来越冷漠。两周后，当清如再次跟永烈抗议时，永烈说出了"爸妈一定要在这里，你不喜欢的话就回娘家住吧"这样的狠话，矛盾再度升级。

　　两个月后，忍无可忍的清如直接跟永烈摊牌，表示自己的状态已经差到需要服用安眠药度日的地步了，希望永烈能"劝退"老人，永烈的反应却出乎意料地强烈。

永烈：我最后说一次，如果你要赶老爸老妈走的话，我们就离婚!

清如：你说真的吗？（整个人完全呆住）

永烈：你这人一点孝心都没有，我当初是瞎了眼才跟你结婚，我的态度摆在这里，爸爸妈妈绝对不会离开这个家，你接受不了的话就离婚吧!

清如：你就是个毫无主见的凤凰男，我当初也是瞎了眼才跟你在一起，离婚就离婚!

一句句令人心寒的批判话语从曾经的亲密爱人口里说出，犹如一支支毒箭把这段婚姻伤得千疮百孔，难以修复。

是什么导致原本美好的婚姻一步步走向相互攻击，甚至过度贬抑对方，最终走向无法挽回的不归路呢？正如我们前面所说，婚姻中的差异总以不被重视的状态随时影响、破坏着我们的亲密关系。

永烈和清如的成长背景、性格不尽相同，永烈来自小县城，从小信奉"百行以孝为先"，认为自己的出人头地全靠父母所赐，在侍奉父母方面对太太有着同样的要求，凡事以父母的感受为首要准则。清如是家中独女，富庶的家庭背景和父母开明的氛围让她从小就底气十足、独立自主。在恋爱和结婚初期，虽然两人的成长背景和性格截然不同，但在"爱情滤镜"的加持下，这些差异并没有造成实质矛盾。

到了永烈父母需要和两人同住时，永烈一如既往地先考虑父母的感受，理所当然地认为太太也应该如此，两人的差异所带来的冲突开始浮出水面，甚至开始过度贬抑和批判对方的爱好、生活习惯、品行和人格。伤人的话语和激烈的争执导致两人由热战最终进入冷战，婚姻成了持续的战场。

09 明确彼此在婚姻中的雷区，不触碰对方的底线

当没有处理好婚姻中的差异时，伴侣就会走向互相退避、相互攻击、你赶我闪甚至最终分手的结局。在亲密关系中，处理差异最好的方法并不是等问题出现后再去解决，而是在问题出现前清楚地了解彼此的差异点。

其中，某一些差异点会是两个人各自不可被侵犯的领域，这些不允许他人触碰的敏感区域我们称为**"雷区"**，一旦被触碰就会招来反击、带来反噬。因此，找出彼此的雷区，而不是单凭猜测或想象来"了解"对方，才能避免践踏对方的心理底线，让亲密关系不至于被雷得"外焦里嫩"。

找到雷区的最好时机是彼此建立恋爱关系的初中期。 结婚后碰到问题时，我们可以找个机会心平气和地谈一下，把彼此喜欢的或者不喜欢的人、事、物写下来。把这些不喜欢列出来，看看彼此有哪些是真心不喜欢的，哪些是不可接受的，哪些又是可接受或可保留的。

当我们能明确彼此的雷区，除非你想刻意破坏这段关系，否则你不会践踏对方不可接受的底线。但是如果我们从来没有讨论过彼此的雷区，那么即使对方不断踩我不能接受的地方，我也只能不断地失望、生气，而没有基础去苛责对方。

雷区的练习

1. 伴侣双方各自把自己不可忍受的人、事、物分类，按程度从重到轻的顺序写下来；这个过程不需要考虑对错或者顾虑对方的感受。

2. 开始交换彼此的看法，细致阅读对方的雷区，把有分歧的地方用笔标记好：

– 不可接受的用红色

– 可以接受的用黄色

– 可以保留（接受但不接纳）的用绿色

整个过程不做对话讨论

3. 小休 5 分钟。

4. 再次互相交换，讨论分歧点，用时大约 2 小时：

– 如果有哪些差异是对方绝对不能接受、而我又能避免的（我可以做到绝对不会踩你雷区的），就标记 △；

– 如果共同一致的（对我来说同样也是不可触碰的），我们就标记 √，例如酒后不能驾车；

– 如果有某些事情不能接受，我们是否能附加一些其他行为，令原来无法忍受的差异被接纳；

– 不可接受的底线一旦被触碰，彼此是否能有补救方法。

5. 讨论时间结束，还有完全无法达成共识的看法可以放在下一次继续讨论。

例如我接受不了不做体检，所以我要求结婚之后家庭成员每年都必须体检，因为婚后的身体除了属于自己，也属于这个家庭，所以全家强制性地每年做一次体检。又如我们约定晚上 12 点前必须回家，那如果我有特殊情况不能按时归家，需要附加一个怎样的行为让晚回家能被接受呢？比如先提前打好招呼？

彼此表明各自的雷区是一个重要的技术活，让我们能知道有哪些地方是彼此不能接受的。我们会发现，"哦，怪不得对方经常大发雷霆，原来是我无意中踩了雷，做了对方不能接受的事情"。如果亲密爱人觉得直面彼此的雷区并不轻松，建议可以找一个中间人，例如婚姻辅导师或双方都信任的人，充当这个中立的桥梁角色，把一些敏感部分以双方都能接受的形式处理掉。

10 婚姻的真正名字，
叫利益者联盟

下面是家庭模型金字塔，请你把"爱情、交流、性、子女、联盟、爱"这六个词语，填在 A、B、C、D、E、F 这六个空格里。

填完后，不妨思考一下，你是出于怎样的考虑填空的？为什么是这样的顺序？如果顺序不是这样，又会有什么影响？对照一下参考答案，再思考一下你填的和参考答案之间最大的差异在哪里？

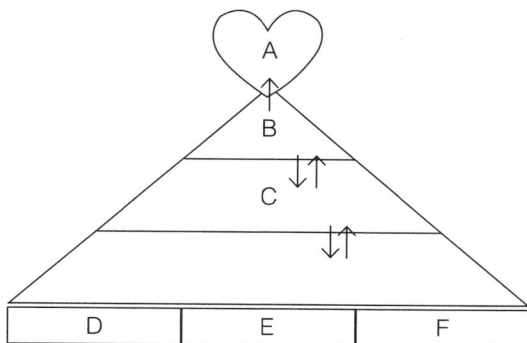

家庭模型金字塔

家庭模型的底层（DEF 的位置）是基础，等于房子的"地基"，如果这个"地基"有所缺失，会导致整个家不牢固、容易震荡。

家庭模型的顶端（A 的位置）是整个家庭的核心价值，所有的家庭活动都会围绕核心价值展开。

理想模式：ABCDEF 依次填入的内容为爱、子女、联盟、爱情、交流、性

在家庭模型当中，一对伴侣从相识、相知、相恋到步入婚姻殿堂，他们的**婚姻关系需要三大重要基础来建构：爱情、交流和性**。在自由恋爱的年代，爱和情感会烙印在婚姻的基础里，交流则是彼此建立连接的重要而直接的通道，而性是两个没有血缘关系的陌生人建立紧密联系的纽带。爱情、交流和性这三个基础缺一不可，任何一个板块出现问题都会直接影响婚姻的质量。

爱情是两个人的事，而婚姻则是两个家族的事。婚姻的真正意义是联盟，这里说的联盟不仅仅是两个人的联盟，而是两个家庭所建立的联盟。从人类的发展史来看，婚姻一直都是利益的共同联盟体，双方通过建立联盟来壮大力量、扩大版图、丰盈财富。现代婚姻制度同样是一种联盟关系，可能是基于社交、情感、经济金钱、权力等的联盟。**请记住，婚姻真正的上层意义，就是建立联盟。**

当婚姻内部出现了问题，或者遇到外界压力时，联盟就会发生作用。好比原来门当户对的豪门婚姻，结果男方家道中落，被迫向富豪岳父和小娇妻"低头"，虽然被外界舆论调侃为"世纪软饭王"（粤语俗语，指依靠女方金钱或地位度日的男子），但由于两个家族依旧有着千丝万缕的关系，这段婚姻尽管内里千疮百孔，外表却依然维系着各种体面和人前风光。

婚姻的联盟关系会走向子女的诞生，**繁衍后代能让婚姻的联盟更加强大、紧密**。子女之间关系的好坏又反哺婚姻和联盟的坚固程度。如果联盟能不断互相得益，婚姻就能长久维系；反之，如果联盟关系出了问题，婚姻就很容易解体。现实生活中，我们经常看到很多伴侣因其中一方的父母不喜欢另外一方，而令夫妻关系迅速恶化，甚至以分手收场。

金字塔的顶端是家庭模型的"一家之主"。很多人会认为"一家之主"说的是一个人,是家庭的经济支柱或者权威人士。其实,良性的家庭模式并不是某个人的"一言堂",而是**让爱去成为这个婚姻家庭的"一家之主",爱是整个婚姻关系的最终指向**。爱存在于夫妻之间、父母子女之间、联盟之间,所以我们把爱放在整个家庭模型的最顶端。

有很多家庭经常会错把某个人放在金字塔模型的顶端,例如一些家庭会把孩子当成"小皇帝",放在最高的位置,让其成为"一家之主";或者过于推崇某位长者,比如强势的母亲或父亲,对其马首是瞻,这就很容易让家庭成员习惯屈服于某些权威、情绪,令婚姻关系,甚至家庭关系出现危机。

老家在东北的阿祖,大学期间就读于广州的一所高校,和广州本地人、同龄的小珊在大二期间相识相恋。刚开始拍拖时,小珊就已经跟家里坦承一切。小珊父母对未来女婿的审视和评估也很严格,经常邀请阿祖到家里吃饭,或者相约一起参加广州的本地一日游,彼此观察、适应,甚至会给小情侣制造一些"小难题",考察阿祖的价值观、品格和为人处世的态度,借此帮助小珊考察和分析阿祖是不是她的真命天子。

三年后,阿祖和小珊完成了本科学业顺利毕业。阿祖准备继续学业,硕博连读,小珊则直接进入职场成为一名白领。而阿祖的"恋爱观察期"也顺利通过,得到了小珊和父母的真心认可。正是因为前期的各种"积累",读研期间阿祖求婚成功。由于"新广州人"阿祖仍在求学,小珊的父母表示小两口可以先在小珊家同住,既可选择和父母一起住原来的房子,也可以住岳母名下的另外一套房子,或者可待阿祖毕业进入社会后,小两口再自己另筑"爱巢"。

阿祖和小珊结婚后选择住在另外一套房子。虽然大家仅仅是"一碗汤的距离",但是小珊父母平常很少介入小两口的生活,他们明白女儿已经独立成家,两个家庭需要尊重彼此的空间。他们对阿祖和小珊只有一个要求,即小两口如果意见不合,或者需要做出重大决策的时候,要回到家里跟父母共同商量。

五年后,阿祖顺利完成学业,考入机关单位成了一名公务员。不久后,阿祖和小珊的女儿米妮诞生。在米妮三岁的时候,阿祖和小珊参加了一次婚姻家庭主题的沙龙活动,对上述理想的家庭模型表达了自己的切身体会。

在沙龙的分享过程中,我很清楚地看到这四位家庭成员既独立又组成联盟的家庭关系,阿祖小两口和岳父岳母共同建筑了一个彼此有爱的联盟。虽然阿祖是外地人,并且由于求学而在那段时间里未能完全担负起养家的责任,但小珊和岳父岳母对此一直持开放的宽容态度,极其耐心地给婚姻关系以时间和空间。这时候,联盟就给阿祖的婚姻提供了良好的承托。

在我看来,最难得的是四个人在原则性问题上能坦诚相待、积极商量,看不到任何一方强势地坚持己见。我们平日所说的隔代教育,也是联盟内长辈与子女之间的关系。联盟成员要有明确的分责和分权。孕育了孩子后,父母不能当"甩手掌柜"把孩子完全交给祖辈,这是明显的分责分权混乱,会令年轻成员在这个联盟中产生错误的认知,进而破坏关系,最终导致婚姻关系受伤。

透过阿祖和小珊的案例,我们可以看到他们彼此的定位与定责很清晰。同时,他们还定好了带孩子回东北看望阿祖父母的时间,让爱在关系中不断发育成长。

阿园和芳芳结婚两年，婚后他们购房，独立建立"爱巢"，没有和老人一起住。由于还没有养育孩子，小夫妻日常生活的时间非常自由，经常来一趟"说走就走"的旅程，在朋友圈总能收获那些已为人父母的朋友们的点赞。

结婚后，阿园的父母一直以儿子、儿媳是独生子女为由，认为他们不能好好照顾自己，便要求夫妻俩把房子钥匙留在阿园父母家，并时不时以照顾儿媳、为其调养身体备孕为名，隔三岔五到访儿子家中，各种张罗。

婚后第二年芳芳怀孕了。由于芳芳当时担任了毕业班的班主任，工作压力较大，在怀孕四个月后遭遇了胎停。阿园母亲对此颇具微词，认为芳芳在饮食和作息上未能照顾好自己。此后，阿园母亲频繁到小夫妻家中为他们煮食，对于小家庭的"渗入度"比之前更高。例如，从以往会先打招呼再到家里，发展到如今任何时间段都会不请自来，有时候甚至二话不说把小夫妻已经做好的饭菜全部倒掉，自己重新掌锅做"营养餐"给小夫妻"补身"。

一来二去，芳芳觉得自己的小家里无形中"增加"了一个人，这个人时刻干扰着她和先生的正常生活。她把自己的感觉原原本本地告诉了阿园，但阿园却觉得芳芳小题大做，认为芳芳一点都不尊重他的母亲。于是，小夫妻因为这件事开始了婚后第一次吵架。在往后一年多的时间里，他们以婆媳矛盾为源头吵，到最后，柴米油盐各种琐事，时不时就会引发一场轩然大波。

在阿园和芳芳结婚第四个年头，太太终于忍不住跟先生提出了离婚。先生也非常生气，揶揄太太如果并不愿意生小孩，两个人的婚姻也没有走下去的意义。于是，就在结婚四周年的当天，两个人写好了离婚协议书，双双走向了民政局办理离婚手续。

在这个家庭模型中，联盟里的成员之间不是独立平等的关系。例如，婆婆对媳妇的要求，就是一种征服的关系，男生家庭很希望征服这个女生。想要避免恶性的征服，就需要在家庭中建立界限感，这样才有利于爱的产生。如果联盟内部成员之间没有建立好界限感，那么联盟很容易干预婚姻；或者婚姻会过度依赖联盟，令其出现问题。

　　正如在阿园和芳芳的家庭关系模型中，我们看到阿园母亲的界限感就极其不清晰，阿园也有意无意助长了这份模糊。当界限感不清晰时，联盟就会过度地进入征服阶段，如原生家庭对再生家庭过度的介入、父母对子女婚姻的过度介入，令本来恩爱的两人最终劳燕分飞。

11/ 夹心先生，
你对婆媳之战的威力一无所知

在公司的年度提拔中，部门负责人 Roger 让下属为即将到来的竞聘选拔做好准备，届时选拔将通过上司评分和同事投票两方面的综合得分决定。

员工 A 是同事心目中竞争升迁的有力人选，大部分同事觉得他在各方面的表现都很优秀，准备投他一票。除了业务能力不错外，A 的人缘也很好，是出名的"甜大姐"，经常和同事打成一片，玩得很好，与另外几位候选人也并没有因为竞争而疏远，甚至还经常一起为选拔组织模拟面试。

按照剧本的走向，A 在升迁之路上应该能一路凯歌。可某天，大家却无意中听到老板和旁人的聊天，得知原来老板心中早已属意 A，在他看来其他人只是陪跑，走个过场。说者无心，听者有意，原以为是公平竞争的同事，内心纷纷起了波澜。而对老板的心意，A 却浑然不知，照样嘻嘻哈哈和大家玩得不亦乐乎，丝毫没有留意大家面对她的目光已经悄然发生变化。

结果在选拔面试当天，"甜大姐"虽然在上司评分环节的得分一枝独秀，但在同事投票环节却并没有因为人缘好而获得足够票数。原来，同事们心照不宣地把票分散投给了彼此。结果，A 并没有如老板所愿顺利晋级，升迁的机会意外落到了另一名不起眼的员工 B 身上。

　　平衡逆反基于美国格式塔心理学家、社会心理学归因理论的创始人弗里茨·海德（F.Heider）的平衡理论。海德认为，人类普遍有一种平衡、和谐的需要，人们一旦在认识上有了不平衡和不和谐性，就会感到紧张，产生焦虑的情绪，从而促使他们的认知结构向平衡与和谐的方向转化。

　　平衡逆反产生的心理根源是人的内心总会追求平衡和公平，当因情绪等因素出现对立时，即使所持的立场、观点一致，也可能产生抵制，甚至故意表现出相反的态度，以显示自己的立场，从而维持内心的平衡逆反。在平衡逆反的状态下，会表现出"总持相反意见，而与对错、正误无关，更注重人际关系"的行为状态。简而言之，就是"我看你不爽，觉得你待人处世不公平，你说的我都反对，不管是对还是错"。

　　同事们自发地没有给老板内定的人选投票的行为是抵制内定人选的负向效果，即老板营造出来的不公平感触发了大家内心的平衡逆反。老板本来是希望通过同事之间的良性竞争，使部门产生更大的生产力，同时把自己心目中的合适人选推向更高的领导岗位。可结果不仅未能如愿，反而使希望提拔的"甜大姐"变成了众矢之的，成为大家逆反心理的牺牲品。

　　在家庭关系和伴侣关系里，有一个触发逆反心理的经典"名场面"：婆媳是家庭里的"双女主"，男主则是她们要共同"争夺"的男性——"夹心男"。一边是生他养他的亲妈，另一边是相濡以沫的妻子，可偏偏两人就是水火不容、明争暗斗，"夹心男"两边都不敢得罪，只能哀叹一句"我好难啊"。

**　　婚后和妈妈住在一起的韩柯每天都"备受宠幸"，家里的两位女主**

角每天都因鸡毛蒜皮的小事上演"世界大战"，韩柯则要充当"维和部队"，每天忙于"灭火"。韩柯对此百思不得其解。韩妈妈是一名退休的大学教授，太太菲儿则是音乐学院的钢琴老师，两人在外人眼里都是气质满满的高知形象，为何在家里却总是相处得不愉快？

有一次，韩柯的好友给他寄了一条女装名牌围巾作为新春贺礼。次日的早餐时间，韩柯拿出围巾，问妈妈和太太谁想要。这款围巾的款式和材质实属佳品，无论是妈妈或太太佩戴都很适合。

妈妈：给你菲儿吧，我觉得适合年轻人！

太太：给妈妈吧，妈妈前阵子说脖子容易冷！

妈妈：我不要，给菲儿吧！

太太：妈妈都不要了，我更不能要了！

……

韩妈妈和菲儿你一言我一语地把围巾推给对方，甚至越说越激烈，火药味愈发浓烈。原以为妈妈和太太只是在互相谦让、彼此关心，后来韩柯总算听出了弦外之音——为什么韩柯自己不主动送给妈妈或者太太，非要制造出这个争夺的"战场"……

想想自己昨晚应酬完，回家还"被迫"同时咽下老妈牌炖汤和老婆牌甜点，结果吃得太撑导致肠胃不舒服了一晚上，从昨晚到今天憋了一肚子委屈的韩柯觉得自己特别难受，忍不住抱怨了一句，"为什么你们什么都要争……"话音未落，就迎来了妈妈和太太异口同声高八度的声浪"抗议"。

韩柯原本只是单纯不想浪费了围巾，他觉得自己在真诚地询问妈妈和太太，让她们自由选择，为什么最后两位女士都发脾气说不要呢？问题究竟出在哪里？根据平衡逆反理论，我们追求的是一种平衡和公平感，韩柯原本觉得两位女士会互相谦让，但问题是她们并不是这么想的。

最终只会是其中一人觉得"既然说商量就是让我别要，那我就不要咯"，而另外一方则会想："你不要的东西我为什么要呢？"两个人感到自己受到了男性的不公平对待，继而把脾气发在了韩柯身上，因为是他率先引发了纷争，打破了这种平衡状态。

在婆媳关系中有一个关键的人物，就是婆婆的儿子、太太的先生。在我们的来访者当中，不乏像韩柯那样成为"争夺对象"的夹心先生，婆媳之间的角力往往让他们身心俱疲，继而寻找专业第三方讨教"灭火"的办法。

只是，婆媳之间的矛盾永远不可能百分之百调和。

婆媳两人虽然立场和观点一致，即从自己的角度出发希望儿子/先生过得好，但潜意识会争取这个男性对自己的重视和关注。正如上述案例中，婆媳两人明知韩柯应酬回来饱意甚浓，但还是各自准备好了汤品和甜点。由于两人的"争夺"目标是一致的，所以作为天秤中间点的韩柯很容易因为自己的一言一行而导致天秤的失衡，引发天秤两侧平衡逆反的行为。

夹心先生要清楚地意识到，婆媳不是母女，这个关系永远无法改变，与其整天充当"维和部队"疲于灭火，游说谁对谁错，解决所谓的争端，还不如摆正自己协调和担当的角色定位，试着为双方的关系建立新的平衡，使大家能够在和谐的环境中共同生活。

12 真爱未必无敌：
婚姻中隐形的"第三者"

来到咨询室的丹丹哭得梨花带雨，说自己得了严重的"婚前恐惧症"。虽然她很爱男朋友晓峰，甚至连婚房都已经装修好了，但是最近发生了一系列的事情，让她从对婚姻的无限憧憬到如今害怕和晓峰一起生活，无时无刻不想成为"落跑新娘"。

丹丹害怕的究竟是和晓峰共同生活，还是担忧他们婚后一些其他事情的安排呢？原来，丹丹担忧的是婚后要跟晓峰父母同住。此前，晓峰和丹丹已经购买了一套两室两厅的居所作为新房。晓峰是一名设计师，经常在家办公，他们规划好把其中一间房打造成工作室和书房，而另外一个较大的房间则被设计成卧室。另外，两人商量好在三五年内暂时不要孩子，所以在房子功能的规划上完全不用考虑孩子。

殊不知等到新房装修好后，晓峰的父母毫无预兆地说要搬进来同住。他们表示既然卧室面积较大，可以将其和书房的功能融为一体，在书房里再添置一个沙发床给老人家就可以了。二老还非常"体谅"儿子，一口承诺对房子功能的调整工作完全不需要儿子参与，全程由他们一手包办即可，改造的费用也由老人自己承担，甚至表示会多给儿子一笔钱补偿他们之前的装修费用。

于是，原本已经装修好的房子就按照二老的意见开始重新装修。晓峰一开始也不太愿意，但始终违背不了父母的意愿，最终只能默默接受。丹丹对男朋友的唯唯诺诺和"不作为"非常生气，但是她觉得自己没有资格向未来的公婆表达不满，于是只能把所有的怨气都撒在晓峰身上，每天以泪洗面，甚至说出"我们不要结婚了"之类的狠话。晓峰对此也很无奈，只能安慰丹丹以后再购买一套新房和父母分开居住。

随着二老搬进来的日子临近，丹丹发现自己开始对婚姻产生了极大的恐惧。她坦承自己非常爱晓峰，但担忧日后的生活将无宁日，而她实在无法说服自己和公婆共住。看到丹丹闷闷不乐，丹丹父母就让女儿先搬回家住。但晓峰的父母对此反应强烈，直接登门对丹丹父母"兴师问罪"，认为他们棒打鸳鸯，拆散了这对小情侣，最终上升成两个家庭的对骂和指责。

丹丹的父母给晓峰下了最后通牒，如果两人依旧想结婚就必须和父母分开居住。就这样，晓峰一方面摆脱不了父母的影响，另一方面又对丹丹恋恋不舍，他左右摇摆，而问题悬而未决。

在上述案例中，是什么妨碍了晓峰和丹丹关系的持续发展呢？这个问题又来源于哪一方？是小两口内部还是外部呢？

我们先来思考两个问题：

1．你们彼此相爱吗？

2．彼此相爱等同于爱你们共同的生活吗？

在伴侣关系中，彼此相爱肯定是首要的原则，**但彼此相爱就等于爱共同的生活吗？**我们曾经在各种场合问过不同的来宾，对于彼此是否相爱的问题得到的都是肯定的答案；但对于是否爱彼此共同的生活，大部分来宾都不敢直接回答。

爱彼此共同的生活不仅仅是彼此相爱就足够的。相爱和共同生活是两回事，我们经常看到很多伴侣恩爱异常，但他们却没有办法共同生活，原因在于在他们两个人的共同生活里，有很多隐性的东西在妨碍甚至破坏彼此的爱。

很多时候，婚姻关系并不是因为缺乏爱而终结。不论此前爱得多么轰轰烈烈，如何排除万难、修成正果，但某一天要分手，就都会说彼此已经不再心动、缺乏感觉，这都是我们没有办法爱上彼此共同的生活而得出的无奈结论。事实上，两人依然相爱，但共同生活却给这份相互的爱带来了伤害。**婚姻关系的终结不是我们不爱对方了，而是没办法爱上彼此共同创造的生活。**

所以我们需要了解共同生活里有哪些我们创造的元素在妨碍、影响爱的继续向前，最终令我们关系终结。**这些破坏婚姻关系的隐形元素，被称为"第三方关系"。**假如能在结婚之初清晰地了解这种第三方关系，并且提前预知应对和解决的方法，那么当问题发生时，我们就能从容面对。反之，如果我们继续天真地认为真爱即无敌，故事的结局永远是公主和王子幸福地生活在一起，那将来的关系极有可能岌岌可危。

第三方关系有两个显著特点：客观存在性和存在特殊性。客观存在性说的是两个人的感情并不仅仅就是你和他／她两个人的事，毕竟就算幸福的王子和公主也既不是石头里长出来的，也不是生活在真空当中的，身边的亲朋好友总不至于为零。存在特殊性说的则是第三方的存在可能导致婚姻失败，但非绝对；原因不在于双方的亲密与激情是否消退，而在于双方对承诺的认识是否一致。

13 / 总有一个瞬间要"凉凉"：
婚姻的八颗"隐形炸弹"

前面谈到婚姻关系常常不是因为缺乏爱而终结，而是因为不喜欢伴侣和自己共同创造的生活。而破坏婚姻的"第三方关系"的假象和真相，往往会在婚前婚后不显山不露水地呈现。

举个例子，在拍拖阶段，男生每天都能来接送女生上下班；在追求女生期间，男生完全不需要见客户、不需要加班，对于女生的呼唤从来都能随传随到，就算女生大半夜说想吃夜宵，也能化身外卖小哥30分钟使命必达。但是结婚后，你会发现，男生开始说"老婆，我今天要早点出门，你自己去上班啦"，或是"老婆，我今晚要加班啊，不能接你下班了，你自己回去吧！"

想一想，是不是很奇怪？在恋爱阶段，男生仿佛抛下工作，女生会觉得自己就是男生的全世界。可男生明明一直没有换工作，职级和职能方面也没有变化，甚至上司也是同一个人，但在结婚后却突然变成了工作狂人，隔三岔五需要见客户、加班。这和婚前的殷勤态度判若两人。女生对此又会如何理解呢？

婚前与婚后的这种变化，就是"第三方关系"的假象所在。恋爱时，我们会有意无意制造出很多假象，男生可能是利用存了很久的年假来接送女生上下班，甚至是送完女生回家后自己再回公司加班。但是男生不会告诉女生这些精心的计划，所以女生只看到"为什么以前能接我现在又不能呢"，继而展开"男生变心、不爱我了"之类的遐想。

其实这并不是男生变心了，而是当身处爱情时，我们是麻木的，永远只看到利益的最大化，而看不到背后的真相以及对方在此过程中的"痛苦"。当这种"痛苦"与日俱增，直到结婚后才得以终结，男生便恢复了正常生活。

工作、金钱、原生家庭等第三方关系，是需要伴侣在结婚之初或是婚姻历程中进行梳理的。当共识越来越清晰时，我们就不会被这些第三方关系所妨碍，进而影响彼此相爱。

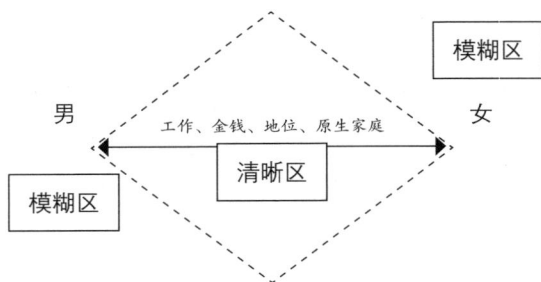

第三方关系的真相

所以在创造出的共同生活中，我们需要坦诚、理性地看待：虽然相爱，但双方是否会创造出一些危险和隐患，导致彼此不能长久地走下去？对此，我们的认识越清晰，关系就能越顺遂。如果仅仅理所当然地认为对方懂我、彼此心有灵犀无须多言，那么只会为日后的共同生活埋下隐形的炸弹。

第三方关系的类型可以概括为工作、亲人、朋友、孩子、爱好、信仰、同性和舆论八个维度。

家，是生命的根源，是我们来到这个世界上的第一处住所，提供我们温暖、牵挂和梦想，但家也可能带来需要我们花费终生去治愈的痛楚和伤痕。

从诞生的那一刻开始，我们的祖辈、父母甚至还有哥哥姐姐就和我们在一起，这种天然的血缘关系构成了最初始纯粹的社会关系。于是，原生家庭中家人之间的相处模式、孩提时代习得的解决问题的经验、彼此缔造出的亲密关系……无论它们是良性、恶性，或处于崩溃边缘，都会深深地、完整地烙印在我们最原始的记忆里，造就了我们日后会成为怎样的人、组建再生家庭时的亲密模式、对下一代的教育方式，以及我们最终结出怎样的生活之果。

一个步入婚姻的新的家庭是和睦还是走向四分五裂，问题根源并不一定是原生家庭，或者彼此是否深爱对方，关系的破裂有时固然和原生家庭以及再生家庭的相处模式有一定关联，**但更关键的是伴侣双方以及双方的原生家庭能否建立起良性互动的交流方式**。家庭相处模式中很常见的场景是互相指责对方原生家庭，这会恶化原本已产生摩擦的伴侣关系。

当原生家庭的问题衍生或嫁接到再生家庭时，确实会造成重复性伤害，等到二人有了下一代，轮回式链条作用和效应会作用到下一代身上，让他们无意中"习得"有问题的交流模式，并植入与未来伴侣的相处模式中。

这种一代影响一代的方式，被称为**"拖累症"**。家庭辅导的其中一个重要核心，就是切断"拖累症"的连接，协助伴侣共同发现新的相处模式，让上一辈的不良模式不再影响自己的再生家庭，继而也不会影响下一代，从而让每一代都拥有自己独立、有效、良性的交流和相处模式。

第三方关系类型

维度	隐形伤害	应对原则	方案／事例
工作	婚前可以一同上班、下班，两个人待在一起的时间长，工作处于第二位。婚后约会减少，加班、应酬增多，事业发展成了两人维持亲密的最大阻碍，工作在婚前婚后的差异成了隐形第三方。	婚前追求阶段，肯定把增进感情放在第一位，或多或少会忽略工作上的需求；但是婚后需要客观地看待工作，彼此的职业发展也被放到很重要的议事日程中。	① 定时间表，明确游戏规则。例如：彼此要有固定的拍拖时间，有专属两人的"亲密时光"。 ② 主动投入，加固两人关系。例如：主动邀约另外一方，一同去看一场浪漫的电影、吃一顿精致的晚宴……
亲人	每个人都有自己的父母、亲戚，甚至有些亲戚比父母更有影响力。因此，双方父母和亲戚对两个人的评价相当关键。如果不能正确对待他们的微词，两个人的关系就很容易受伤。	一开始就要设置好规则和界限。伴侣关系如何，很重要的是看两个人在亲属面前的态度。如果我们采用的是忍让、充耳不闻的做法，亲人就会认为"看，你都不反驳，证明你已经默认了这个问题的存在"，微词就会继续"发酵"，日渐影响两个人的关系。	无论哪一方听到自己亲属对伴侣的微词，都要坦诚直接地给予回应。例如，男生听到父母对太太的微词，男生就要很清晰地告诉父母：我对你的观点不是很认同，如果你说的是对的，我会回去跟我太太一起商量，在这件事情上彼此改进；如果这个说法是不合理的，我觉得要停止讨论这个问题。这是我跟太太之间的关系，我希望这个话题不会在我们之间继续下去。

维度	隐形伤害	应对原则	方案／事例
朋友	每个人都有自己的朋友圈子，比如婚前的"兄弟圈"和"闺蜜圈"。热恋期间，很容易忽略这些关系；但婚后这种关系的重新亲密或许会让枕边的人觉得不愉快或者失落。	扩大朋友圈，继续保持"闺蜜圈"和"兄弟圈"。圈子本身不具有排他性，无须把伴侣排除在闺蜜圈或兄弟圈外；反而需要把伴侣引荐给他们，彼此有所了解，但又各自保持独立。	朋友圈，婚前需要有，婚后同样需要。通过彼此的朋友圈扩大自己的生活圈，两人的关系会更具透明度。当我们的伴侣关系在朋友圈曝光后，无形中就会受到舆论的监督，不让一些有非分之想的人趁机进来。
孩子	当孩子出现在两人之间时，其中一方或者双方会将精力集中到孩子身上，此时，另一方就会被放到第二位。如果孩子被过度重要化，就会成为伴侣的替代品，夫妻的情感联结也会变弱。	婚后伴侣双方都会关注孩子，但重点不应放在孩子身上，而应是夫妻关系的维系。双方需要继续恋爱，结婚并不是终止恋爱，而只是恋爱路上的一个阶段，孩子也只是恋爱路上的另外一个坐标。	建立规则很重要，需要思考如何不将孩子凌驾于二人关系的维系之上，彼此也不因为孩子而忽略对方。孩子的诞生能使两个人的关系更加稳固，更加亲密；发展好两个人的关系，让彼此更加恩爱，让这个家庭更有爱地成长。

续表

维度	隐形伤害	应对原则	方案 / 事例
爱好	婚前，两人的关注点不在爱好和习惯上，觉得一切都是合理的，即便某一方有一些恶习，另外一方也会抱有幻想，期望婚后能改变对方。某些不良嗜好如果在婚前不能戒掉，就会延续到婚姻里，影响两个人的关系。	对爱好要区分。如果是良性爱好，我们可以和对方一同培养。如果是不良嗜好，在恋爱中不能戒除，婚后也很难戒除。建议重新评估不良嗜好是否允许出现在两个人共同创造的生活里，如果不允许，那这段关系就要喊停。	参考第二篇章第9节有关于"雷区"的内容。
信仰	信仰涉及精神层面，两个人想要有好的未来，信仰固然能帮助彼此，但当彼此的信仰不相同时，就会成为未来的阻碍。	伴侣间要彼此尊重对方的信仰，同时，也不应将原生家庭的信仰强加在再生家庭上。	男生家庭信奉基督教，而女生家庭是很中式的拜先祖。婚后，男方父母要求女生改变信仰，在女生数次拒绝后，男方父母甚至将女生供奉的祖宗牌位全部扔掉了。在一段关系里，尊重彼此的信仰非常重要，不能将自己父母的要求强加给再生家庭。所以男生应该清楚地回应父母，信仰只是他们的要求，而自己和太太彼此尊重对方的信仰和生活习惯。女生方面，如果是自愿接受这种信仰也未尝不可，但如果不能接受，保持尊重态度即可。

续表

维度	隐形伤害	应对原则	方案 / 事例
同性	比朋友更加亲密的同性关系会让伴侣担心对方有同性恋化的倾向。	多点交流和理解，而不是因为这种同性关系而排他，或者鄙视你的伴侣。	同性关系过密，会有排斥亲密关系的可能，保持距离尤其重要。
舆论	舆论的压力也许会对夫妻二人的关系造成损伤甚至分裂。舆论可能来自亲属或朋友圈；尤其因婆媳关系导致的舆论，很容易影响二人的关系。	需要两个人共同想办法澄清，彼此之间的信任是对抗微词和不良舆论的关键。如果受到这些微词的影响而导致彼此不信任，关系就会从内部破裂。	总有朋友想游说女方，指责男方过往私生活混乱，并想方设法"收集证据"，劝退女生。每当朋友圈出现这样的言论时，女生总会第一时间澄清，表示百分百信任男方。记住，澄清和信任是对抗质疑言论的不二法宝。

爱的十字路口，
向前迈步还是果断折返？

世界上从来没有完全契合的伴侣，在漫长琐碎的婚姻生活里，危机难免会一次又一次出现。怨恨就像是一个隐秘的杀手，蹑手蹑脚地潜入婚姻里，占据着空间，肆意生长，直至在狂怒中爆发，或无声无息地让婚姻窒息、枯萎。当两个人的婚姻走到了分岔口，夫妻双方首先需要考虑未来是否还能为彼此做出改变，感情是否还有转圜的余地。

　　不心生怨怼，也不委曲求全，无论是放手还是重新来过，都是对婚姻关系最大的尊重。在这一章节里，我们会重点探讨几种与婚姻关系和家庭关系息息相关的逆反效应和情绪，以及当我们在分岔路口不知何去何从时，究竟是应该拔除心中的"钉子"，松手但不放手，还是设定"止损点"忍痛割爱。

14 唠叨带不来改变，更会破坏亲密关系

在电影《大话西游》里，唐僧的戏剧化演绎让人耳目一新：整天喋喋不休、唠叨不止的唐僧不仅让至尊宝不胜其烦，就连一贯高冷和严肃的观世音也嫌弃他，甚至牛魔王手下负责看押他的小妖精，都因为无法忍受他的"唠叨神功"而愤然拔刀自刎。虽然这一幕是影视作品的演绎，但在现实生活中也处处可见由唠叨而引发的超限逆反心理的场景。

"逆反心理"也被称为"逆反效应"，"叛逆"不仅仅是人生某一阶段的表现，它贯穿人的一生，在家庭、伴侣、亲子、师生、职场等人际关系中处处可见。前文提及的婆媳大战和夹心先生的案例，就是平衡逆反的名场面。我们首先来看婚姻和家庭关系中最常见的超限逆反。

雅菲和先生伟雄准备出门看电影，早早做好准备的雅菲看到伟雄还在处理工作上的事情，就开始提醒他。

雅菲：我已经准备好了，你还有多久可以出门啊？（语气平和、自然）

伟雄：很快就好了，我再回复一下同事的信息！

十分钟后，雅菲看到伟雄一点出门的意思都没有，依旧在电脑前

默默耕耘，第二次提醒老公的雅菲不由得加大了音量。

雅菲：电影很快就要开始了，停车还要时间，你究竟什么时候能出门啊？（语调尽量保持平和，但语速开始加快）

看到伟雄依旧不为所动，雅菲开启了 1 分钟 1 次的"催促模式"，音调也上扬了一个八度，既急且怒。伟雄从一开始还会回应，到后来默不作声、闷头干活。最后，两人终于出门，可在路上却因为电影场次的问题吵得不可开交，最终不欢而散。雅菲自己去看电影，而伟雄则回家继续处理工作。

在心理学中，短时间内机械式重复某一单一信息，或重复语言的负向声音，这一模式所引发的极不耐烦而逆反的心理，称为"**超限逆反**"。交流是一个双向互动的过程，但如果其中一方一直喋喋不休，不胜其烦的另一方往往就会选择自动屏蔽，这就是人们常说的"左耳朵进，右耳朵出"，这样不仅难以起到良好交流或沟通的效果，还会引发厌倦和逆反情绪。

在上面的案例中，雅菲在短时间内用负向语音模式反复催促，造成了一种持续、反复的刺激，伟雄本能地躲避，甚至采取相反措施以表抗议；尽管最终两人按原计划去看电影，但彼此并不开心，以致出门后任何一件小事都会诱发两个人情绪的爆发。

还有一种常见场景：妈妈做好饭喊儿子出来吃饭，刚好儿子的作业还剩一点，想做完再吃。妈妈"三催四请"，盛好了饭菜，可儿子还是没出来，这时候，妈妈很自然地开启了"狂暴模式"。最终的结果你应该也能猜到：没有妈妈想象中心平气和地同桌吃饭，有的只是本已准备出来吃饭，却被妈妈弄得烦不胜烦的儿子气鼓鼓地甩下一句"我不吃了，你们先吃吧"，然后头也不回地把自己关在房间里。

超限逆反是最典型的逆反心理之一。

其实，信息重复是没有问题的，但是要注意交流的语音语调，同时避免使用一些负向的词语。当我用开心、分享的语音语调说话时，尽管对方并不能马上付诸行动，但态度上是开放且乐于接受的。若一方的语气中带有负向的语音语调，例如强烈的催逼感、抱怨，甚至是指责，另一方就会产生超限逆反。尤其是当被揪着某一问题反复催逼或批评时，对方只会从刚开始的内疚不安发展到不耐烦，最后产生反感、讨厌的情绪，被"逼急"了就会出现"我偏要这样"的反抗心理和行为。

面对超限逆反，我们交流时的语言模式比内容本身更重要。避免负向的语音语调，转换为"爱"和"关怀"的角度，是打破对方心理防御，使其产生愉悦并提高接受度的"灵药"。你会发现，只要改变我们的用词和语气，超限逆反就会马上消失。

15 好奇未必害死猫，禁果肯定分外"甜"

禁果逆反也是婚姻和伴侣关系中最常见的逆反心理之一。

这个说法来源于犹太《旧约》中的故事。伊甸园中的夏娃受蛇的诱惑，违背了与上帝的约定，偷食善恶树上的禁果，受到了上帝的惩罚。由于被禁止，人们尝试的欲望反而更加强烈。因此，禁果逆反说的是由好奇心引起的、因理由不充分的禁止，或反复强调的约束而诱发人更强烈的好奇心和探究欲望，进而导致与原期望相反的行为。禁果逆反有时也被称为"潘多拉现象"，沿用的是潘多拉打开魔盒的神话。

探究未知事物是人类普遍的行为反应，也是人类在长期生物演进中形成的具有生物意义的稳定需要。如果简单强硬、不加说明地禁止，被禁之事反而会对人产生特殊的吸引力，让人们对该事情投放更多的注意力，引发各式各样毫无止境的遐想和猜测。同样，如果禁止的理由不充分，人们的探索心理也会倾向于违反这种禁止，做出偷食禁果的行为，因为人自身找不到充分的理由来遏制自己的探究欲望。

正如一位妈妈做好了一个蛋糕，小心地把蛋糕放在餐桌上，反复跟孩子强调不要偷吃，但却没有说明原因。孩子可能对餐桌上的蛋糕并没有在意，可妈妈的反复强调却引起了孩子的无限好奇：为什么妈妈不让我吃呢？为什么要用盖子把蛋糕罩住呢？蛋糕是不是很好吃呢？只吃一点，妈妈会发现吗？……蛋糕最终就被孩子偷偷吃光了。这就是禁果逆反的典型例子，越是被禁止的东西，对孩子的吸引力就越大，他们可以为了得到这枚"禁果"铤而走险。不单单小朋友这样，在成人世界里，这也并不鲜见，那伴侣关系又何尝不是呢？

阿峰和敏敏是一对郎才女貌、备受羡慕的小夫妻，可就在两周年结婚纪念日时，两人双双到访咨询室恳请辅导师分析两人是应该先分居还是直接离婚。

敏敏婚前曾经跟阿峰约定，婚后她将是阿峰世界里唯一的女性，她需要阿峰的绝对忠诚：平常下班要准时回家，不参加公司的聚会，甚至要求阿峰不要经常出席同学聚会，以防不小心跟当年的女同学"对上眼"。阿峰虽然觉得敏敏的要求有点夸张，但他也认为这只是敏敏"恐婚症"发作，于是就一口答应下来。

婚后，阿峰却慢慢发现敏敏的言行"高度统一"，不遗余力地成为他和女性朋友正常交往的"物理屏障"。由于敏敏的朋友也在阿峰公司，所以敏敏对阿峰公司的情况了如指掌，每次新来一名女同事，敏敏都会想方设法"善意"地提醒阿峰不要有任何逾越行为。就连阿峰的"兄弟聚会"，敏敏也要求他能免则免，以免有机会碰上其他女性友人。对此，阿峰一直颇具微词，觉得敏敏过于苛刻，但最终仍然勉强接受。

一个月前的某个晚上，阿峰并没有按照往常的时间归家。敏敏在阿峰回家后认真查看了他的书包和衣服，想看是否能从中发现端倪。结果，敏敏在阿峰的外套上发现了一根长头发，在确认过这根头发并不是自己的后，敏敏和阿峰展开了如下对话。

敏：老公，为什么你的衣服上面有一根长头发？

峰：不知道哦，可能风吹过来的吧！

敏：风会把头发吹到你身上？（咄咄逼人、不信任的语调）

峰：有什么奇怪的呢？（依旧觉得很正常）

敏：风怎么可能吹了一根这么长的头发到你身上，你是不是外面有女人？（音调渐趋抓狂）

峰：我真的不知道头发是怎么来的！

于是，老公百口莫辩，老婆歇斯底里！老公觉得老婆完全在无理取闹，老婆觉得老公存心隐瞒。两个人吵得不可开交，最终各自分房而睡，冷战了事。

几天后，阿峰表示要到外地出差。敏敏联系了在阿峰公司上班的朋友，准备问个究竟，结果发现老公其实并没有出差任务。敏敏找机会查看阿峰的微信，发现他和其中一个联系人在策划聚会，举办时间恰好对上了阿峰所说的出差时间。在这个小家庭里，一场暴风雨即将来临……

敏：前几天你跟谁去出差呀？有什么见闻说来听听？（强忍内心的愤怒，故作随意）

峰：跟谁出去跟你有什么关系，出差是公事，我需要跟你汇报吗？（不耐烦、厌恶）

敏：你当然不想说，你去酒店开房了！（声音陡然提高八度）

峰：这个世界上，除了你之外，我还可以有千千万万的女人！为什么我就不能跟别的女性交往？我那天就是在酒店里开房！不行吗？接受不了就离婚吧！（异常愤怒）

小两口积压了一周的情绪瞬间被点燃，开始毫不留情地互相指责，把对方数落得一无是处，在物件飞舞及谩骂声中，婚姻的小船摇摇欲沉……于是，就有了开头他俩到访咨询室的一幕。其实，那越

"出差"仅仅是阿峰因为受不了敏敏无处不在的控制欲，组团和兄弟们外出度过的一次足球之夜，这一切最终都在阿峰手机里"有图有真相"地得到了证实。

阿峰和敏敏的问题出在哪里？敏敏对阿峰的要求过分吗？阿峰的行为恰当吗？在上面的例子中我们看到，敏敏认为只要老公断绝跟其他女性相处的机会，这个男性就会忠于自己；而阿峰则觉得敏敏这个要求毫无道理，以爱之名强行把自己"圈养"在一个仅有雄性的世界里。

在关系中，当一方提出一个理由不充分的禁止时，很自然地就会引发另一方对这个禁令的反抗或情绪的爆发，只是看这种反抗的力度是否会超越彼此的界限而已。就阿峰和敏敏来说，阿峰的忍耐已经到达极限，于是故意"制造"了一场"出轨"，以成就老婆的"祈愿"。

在禁果逆反中，因为约束和禁止的理由并不充分，甚至并不合理，所以被约束的一方会产生"期待"的情绪，期待当禁止被打破时，会产生更多的激情和刺激感。因此，当一方被激情和刺激的新鲜感所吸引，甚至做出冒险行为时，他们可能是在挑战一个不太合理的约束，这是禁果逆反的一个特点。

在婚姻中，夫妻间的信任极其重要。信任是一棵参天大树，需要彼此精心爱护才能开出爱情之花，结出幸福果实。假如其中一方明知彼此相爱，却仍要设立禁令去质疑对方的爱，对方就很容易从爱转向不爱。因为他会觉得，不爱可能会带来一个新的结果，而这个新的结果就是他奋不顾身希望得到的禁果。

与其过度禁止、猜测和怀疑，不如把时间用来建设自身的价值感和安全感。要知道，再亲密的关系，也需要给对方一片自留地，一厢情愿的禁令是不能产生正向作用的。

16 时机不对，
再爱也会被发"好人卡"

伟伦和熙然结婚多年，两个人的工作都非常忙，小两口不是在出差，就是在出差的路上，经常会上演在机场候机厅快餐式拍拖的戏码，熙然还笑称两个人总"活在不同的时区里"。但是无论有多忙，两人都会在每年的结婚纪念日放下工作，精心为对方准备难忘的庆祝活动。在今年纪念日的前一天，伟伦突然被安排了一个次日出差的重要任务，不能按计划和熙然庆祝纪念日。伟伦在出差前把礼物提前送给熙然，没想到熙然却因此大发雷霆，认为伟伦的礼物只是为了掩饰心中的不安，一定要伟伦在结婚纪念日和工作之间做出选择……

伟伦和熙然一直都是"天上飞"的大忙人，明明小两口对各自的工作状态和角色定位都很了解，为什么熙然会对伟伦在结婚纪念日当天出差这件事反应这么大，非要他在工作和纪念日之间做出选择呢？伟伦的周年庆礼物又为何会被熙然曲解呢？

对于太太的过激反应，伟伦百思不得其解。他认为突如其来的出差安排并非他本愿，而且已经提前把礼物送给了太太，他不明白平时对自己工作相当支持且拥有相似工作性质的太太的反应为何如此激烈。其实，熙然排斥的并不是伟伦出差，而是伟伦在结婚纪念日当天出差这件事。这造成了太太由心境不好而带来的逆向态度，即**情境逆反**。

情境逆反是逆反心理的一种，指在特定的情境中人们的心理热点被干预而产生逆反心理的现象。其主要的诱发原因是情感往往有排斥认知的倾向，所以当个体处于特定的情绪状态下，由于不适当的时机或场合，就可能会导致其拒绝接受本来可能接受的东西。

正如熙然本来对伟伦"空中飞人"的角色持接受态度，但伟伦的出差和两人原本计划好的庆祝时间重叠了，自己精心安排的浪漫活动、心心念念的二人世界被突如其来的出差所打断，因而导致她心生怨恨。

临近午夜，筱筱一边叠衣服一边在刷综艺节目《披荆斩棘的哥哥》，她最近被大湾区哥哥圈粉了，一首《你要如何，我们就如何》已经单曲循环了一整天。筱筱的先生德德刚好下班回来，开了一天会，还被领导批评，这让德德状态低落、累得只想倒头就睡。筱筱没有注意到先生的状态，只是饶有兴致地邀请德德一起听歌，可没听两句就发生了一段让爱情小船说翻就翻的对话。

筱筱：老公，这歌好好听，我播给你听一下，我已经听了一整天了……

音乐声起，德德勉强抬头听了几句，筱筱则在一旁摇头晃脑地哼唱。

筱筱：好不好听？（自嗨中）

德德：你觉得好听吗？好在哪里？旋律？歌词？（开始不耐烦）

筱筱：我觉得各方面都很好啊！（依然沉浸在自嗨状态、丝毫没有察觉到异样）

德德：我不想听了，这歌很普通，没感觉！我要睡觉了！（极度

不耐烦)

　　筱筱：我们现在连互相分享生活都不可以了吗？（立马暴怒）

　　生气的筱筱一扭头甩门就走，留下一脸懵的德德不知所以，继而倒头秒睡……

　　这也是一个很典型的情境逆反的场景，筱筱迫不及待、兴致勃勃地希望跟先生分享自己生活中的点滴，却忽略了先生正处于低落又疲惫的状态，导致原本你来我往的交流变成了筱筱自己的独角戏。

　　避免情境逆反很重要的一点是要留心体察、了解对方当时所处的情绪状态；如果对方正处于疲惫、盛怒、焦虑、抑郁、悲伤等情绪状态时，与此无关的话题或引导则并不合适，很容易导致对方做出非常规性质的逆向反应。

17 愤怒的多重面具：
老虎发飙背后，藏着猫咪的细腻心思

愤怒善于伪装。

——阿尔弗雷德·阿德勒

小瓜今年8岁，寒假时有一天他未经父母允许，擅自跑到小区外玩耍，到了晚饭时间还没有回家。小瓜的妈妈焦急万分，向小瓜的同学打电话寻找。到了晚上8点多钟，玩了一身泥的小瓜终于回到了家，原来他是在附近的公园里和几个刚认识的孩子玩真人版"枪战游戏"了。妈妈冲上前对孩子劈头盖脸一顿臭骂，愤怒情绪到达顶峰，即使前一秒还在不安地走来走去，念叨着孩子是否安全、是否会受凉、是否会饿肚子……

琪琪出差回到家里已是晚上八点多，推门进屋后发现老公洪波正在电脑前聚精会神地打游戏，厨房黑灯瞎火、炊烟全无。休假一天、赋闲在家的洪波居然完全没有做饭的意思，餐桌上杂七杂八堆着从早餐到午餐的外卖盒，凌乱无比。

琪琪问洪波："怎么这么晚都没做饭呢？"全神贯注沉浸在游戏中的洪波随口应了一句："平常不都是你做晚饭的吗？"轻描淡写的一句话瞬间点燃了琪琪的怒火，她冲过去抓起鼠标扔到地上，狠狠地吼出一句："凭什么每天都要我做饭，你娶的是老婆还是女仆人！"然后就甩门而去，剩下一脸茫然的洪波愣在一旁。

无名火起三千丈？

情绪是不会凭空出现的，情绪的背后肯定隐藏着某种心理需求。愤怒就是我们脑袋中众多的情绪小精灵之一，当我们感受到失去控制、被威胁、被攻击、被随意否定或受到不公平对待，抑或自己的感受没有被尊重，感觉沮丧和无能为力时，这个小精灵就很容易冒出头来。

但愤怒小精灵精得很，喜欢戴着愤怒的面具隐藏孤独、抗拒、恐惧、焦虑、困惑、受挫、受伤、悲伤、孤单、愧疚、羞耻、嫉妒、愤愤不平、无助、压抑、屈辱、尴尬、抑郁等很多深层的情绪。也就是说，愤怒往往只是表面的形态，其背后会有其他情绪，它们混杂在一起，我们称之为**愤怒的多重面具**。

愤怒背后的隐藏情绪

因此，我们其实能通过愤怒感受到一个人背后的挫败、罪恶感、悲伤、恐惧甚至厚重的无力感。例如，当我们受到挫折或自觉做错了一些事时，就会产生罪恶感，但我们并不能堂而皇之地表现出这种罪恶感。我们很少公然说"我做错了""我对不起大家"，而只是用愤怒来掩饰内心的脆弱感受。

回归到开篇提到的两个案例，小瓜妈妈在看到儿子归家那一刻劈头盖脸地臭骂，看似是因为忍不住怒气而大发雷霆，其实是在用愤怒掩饰她的恐惧、担忧和爱。她担忧孩子是否安全，有没有受凉或饿着，甚至脑补出一场"千里追踪人贩子"的戏码，而这一切在孩子进门的那一刻得以释放，最终以转悲为怒的方式结束了这个故事。

而在案例二里，琪琪被老公一句轻描淡写的"平常不都是你做晚饭的吗？"瞬间点燃了怒火也同样事出有因。琪琪出生在一个重男轻女的家庭，潜意识里认为自己和先生在婚姻中的关系并不平等。对琪琪而言最无法忍受的是被不公平和不受尊重地对待，她渴望在亲密关系中能够男女平等、彼此尊重、共同承担家务。所以当琪琪听到先生理所当然的回答时，瞬间就引爆了她内心不被尊重和没有被公平对待的感受。

在亲密关系中，如果愤怒太多，彼此的信任就会消退。事实上，我们要了解愤怒的另外一面，我们真正的感受可能是恐惧、难过、内疚、害羞甚至是爱，但这些情绪统统都被隐藏在了愤怒之下。

所以当我们难以在亲密关系里真实地表达自己的感受时，我们就会用其他形式来包裹这些感受，而愤怒则是"最好的"表达方式。我们会不自觉地过度表达自己愤怒的情绪，因为这是我们最熟悉的方式。在愤怒强劲的爆发力之下，我们根本无法辨别或知道自己真实的感受，时间一长，甚至连自己都以为自己是真的在愤怒了。**这种愤怒被称为"亲密型愤怒"。**

义愤填膺可能只是手段

愤怒有时会被我们包装成一种手段，以此来控制别人，达成自己的某种目的。这种愤怒往往有两种形态：一种是自责（指向自己），另外一种是指责（指向他人）。无论是在职场还是在亲密关系中，我们都很容易看到愤怒的这两副面具，而面具的背后往往都带有自我防卫的目的。

愤怒可以给人以力量、权力以及控制感，当一方表现出愤怒，而另外一方很害怕对方生气时，愤怒的一方就很容易凭借怒火的爆发来控制这段关系。很明显的例子就是很多父母在子女不听话时就毫不留情地对其进行责骂，短时间内孩子往往会如他们所愿地听话，然后父母就会有掌控全局的快感。但长此以往，孩子也会习得这种通过愤怒去控制、把握、支配关系的模式——孩提时代父母通过愤怒令我服服帖帖，将来我也通过愤怒令身边的人对我唯命是从。

特别提醒一下，我们可以留意到有三种伪装后的愤怒面具，此时的愤怒已经不再是张牙舞爪地瞪眼睛、拍桌子或是大吼大叫的狂暴状态，而是转化成了更隐蔽、更被动的形式，甚至有时候还会披上温情脉脉或者楚楚可怜的外衣，让人如坠五里云雾，充当不明真相的"吃瓜群众"而不自知。

周末，思思约了闺蜜逛街和做美容，临出门喊老公伟康把洗好的衣服晾起来，顺便把午餐的碗筷收拾一下。伟康一口答应，让思思安心出门。到了晚上思思回到家，发现老公依然坐在同一个位置上打游戏，甚至连姿势都没有变过，看上去好像石化了一样，而衣服和碗筷也纹丝未动。

思思终于忍不住发了飙，伟康这时候才一脸诧异地大喊委屈，说自己完全没听见思思让他干活，然后不情不愿地走到厨房开始洗碗。半小时后，伟康匆匆收拾完碗筷又开始全情投入游戏世界。思思发现，洗完的碗筷歪歪扭扭地叠放在洗碗台上，有好几个还粘着泡沫和菜渣，整个桌面水汪汪一片……面对思思的吐槽，伟康大大咧咧地表示："我已经尽力了，我的洗碗技能就是如此了。"

幸芳是一名 14 岁的花季女孩，目前读初三，正处于冲刺中考的关键阶段，望女成龙的父母给幸芳的所有周末安排了各种辅导班。于是每到周末，幸芳不是在辅导班上课，就是去辅导班的路上。一个月前，幸芳父母发现她每到周末总会莫名其妙地发烧和呕吐，可去医院又没有检查出问题。父母不忍心让女儿硬撑着去补习，只能让她在家休息，幸芳因而缺席了好几周的辅导班，完全跟不上进度了……

第一种被伪装的愤怒面具是我们的被动攻击行为，即误解、过度解读别人，或严重的拖延行为。例如上述第一个案例中的伟康，他其实是在用拖延来表达自己的愤怒，而他的拖延往往会让另一方认为他食言，从而引发不满。伟康勉为其难、敷衍了事，你以为他是真的力所不逮吗？其实，他还是在表达愤怒，因为洗碗并不是他想做的，只是被迫"营业"。他表现出来的是典型的消极怠工的做法，好让太太看到他确实做不到，下次再有类似家务时就不会再喊他去做。伟康通过伪装的愤怒来表达他并不想做这件事，他不会直接把愤怒写在脸上，而是用伪装的方式达到自己的目的。

第二种被伪装的愤怒面具是自我伤害，即扮演被害者，让对方感觉我很虚弱、无助、无力。例如在被骂时，我一言不发毫无还击之力，摆出一副"死猪不怕开水烫"的模样，软绵绵的状态让对方完全使不上劲。

上述案例二中的幸芳就是用心理暗示的自我伤害形式来表达自己的愤怒。父母的望女成龙让她完全没有闲暇时间，她在高压的学习氛围中迷失了自己。当面对强大攻击时，她没有能力去反抗这一切，也没有安全表达愤怒的方式，于是她的潜意识就会让她表现出生病、虚弱的状态。她知道生病的时候父母会允许她不去参加补习班，她希望拥有空闲时间的心愿就可以达成了。

最后一种被伪装的愤怒面具是自诩为正义、正直的化身，即通过肯定自认为正确、道德、正义的立场，指责对方的种种不是，这也是愤怒的外化表现之一。我们变成一个道貌岸然的伪君子，占领道德高地去指责对方一无是处、鬼话连篇、道德沦丧。这种情况在亲子关系中尤其明显，贬低和打压式教育就像一把隐形的剪刀刺入孩子的心灵，长久以来的斥责和否定足以摧毁孩子的一生。

18 愤怒十问，
澄清"妒"火中烧背后的意义

　　即使是在咨询室里，张先生和太太也依旧吵得不可开交，争执的源头是张先生准备去参加同学聚会。

　　先生：虽然大部分同学都会携眷出席，但我不会带你去的。

　　太太：当然，因为你的初恋对象也会出席同学聚会，你肯定不想让我去！

　　先生：哪怕我的初恋死了，我也不会带你去的！

　　太太：证明你想跟更多女同学擦枪走火啦！

　　先生：不可理喻，神经病！

　　张先生和太太结婚五年，在前三年里，每逢同学聚会，张先生都会带太太出席，并且会把太太介绍给同学认识。有一年聚会碰上一个喜欢说笑的 A 同学，A 同学无意中告诉张太太，张先生当年暗恋的"女神"B 小姐也有出席聚会。中学时少男少女的暗恋玩笑旁人说起来无伤大雅，可张太太却听者有心。

　　尽管 B 小姐如今不比当年，但张太太依旧相当介怀。在张太太心中，这世上没有不偷腥的猫，虽然曾经的女神已今非昔比，但难保老公不会"依然待她如初恋"。于是席间，张太太开始有意无意地说起先生的坏话，无论大家谈论什么，她都能绕个弯见缝插针地挖苦先生。同学们都觉得不好意思，张先生更是觉得面子荡然无存。

　　之后的两年里，张先生再也没有参加过同学聚会，张太太对此心中暗喜。可今年恰逢学校大庆，同学们强烈要求张先生排除万难前来赴约。夫妻俩为此发生了数次争执，他们的战火也从家里一直蔓延到咨询室，发生了案例开头所描述的那一幕。

　　先生：为什么就不能给我留点面子？

　　老婆：给你面子干吗？给了之后你不就上屋揭瓦？

　　先生（扭头对辅导师说）：天天这样吵没意思，如果发展到离婚我也没有办法，总之我从来没有对不起我老婆，在外面也没有其他女人。我的道德观很清晰，连暧昧也不会有，现在全部都是她硬生生给我"安排"的"小四小三"。这日子要实在过不下去，就离婚吧，趁彼此年轻，还可以再找第二春！

　　太太：终于说出心里话了，说到底就是想要找第二春！

　　在咨询室里，张先生和太太依旧剑拔弩张，毫不留情地攻击对方，可想而知这仅仅是小两口日常生活的一个缩影。同学聚会只是他们争吵的导火线，让双方猜忌和贬斥对方的深层原因到底是什么呢？愤怒往往因伴随着破坏性的行为和结果，而被人们视为负面且需要消除的情绪；然而从进化的角度看，包括愤怒在内的所有情绪都是有意义的，可以为我们提供资源以达成目标。

　　在亲密关系里，当其中一方很愤怒时，他其实是想隐藏或表达自己的观点，而这种愤怒往往会伤害到另一方。先愤怒的一方往往可以顺理成章地掌控这段关系，令事件向着他预期的方向发展，所以我们会发觉，有时候一方生气，而另外一方则会因失去掌控感而茫然无措。

　　在亲密关系中，我们会把愤怒无限放大，使其成为达成目标的工具。正如即使张太太清楚先生尚未出轨，但她深深感到如果不去"冤枉"先生，先生终究有一天会被"狐狸精"哄骗走，于是她把内心的担忧和惊恐外化成愤怒，摆在彼此面前，防微杜渐。

所以当我们发现对方愤怒时，我们要问一下自己究竟做了什么，到底是哪些脆弱情绪隐藏在他／她的愤怒之下？或者当我愤怒的时候，我要怎么做，才能让对方了解我的愤怒，而不是对我产生恐惧。当我们在亲密关系中融入太多愤怒时，不妨来一个"愤怒十问"，澄清我们的愤怒，帮助伴侣了解愤怒的意义和功能。如此你就会发觉两个人的关系突然明晰了很多，这也有利于调节两个人的相处模式。

——— 愤怒十问 ———

1. 当你不吵架、不愤怒时，对你来说，什么是愤怒？（互相问对方）

2. 当你愤怒的时候，愤怒代表着什么？（了解清楚对方愤怒时的具体表现。有时候，我们仅仅是大声说话，别人就会认为我们在愤怒，但其实我们只是提高了声量而已。）

3. 当你对伴侣感到愤怒的时候，代表着什么？（互相问对方）

4. 当伴侣很愤怒的时候，代表着什么？

5. 当伴侣对你感到愤怒的时候，又代表着什么呢？（有什么结果或者行为导致伴侣会对你愤怒甚至异常愤怒呢？）

6. 你会怎样回应伴侣的愤怒呢，是冷处理还是通过其他方式？

7. 你会怎样回应自己的愤怒？是捶胸顿足、折磨自己，还是做一些其他事情？

8. 你怎样让你的伴侣知道你在愤怒呢？（即使并不是由伴侣引起的，但你也想让伴侣知道你在愤怒。）

9．你的愤怒通常持续多久？

10．有哪些情绪或者感觉和愤怒是相关的呢？

我让张先生和太太分别回答了这10个问题。在各自写下答案后，他们的对立情绪明显缓和了下来，开始心平气和地对话。

张太太坦承自己"冤枉"丈夫是源于他对她的生活不走心的态度。在旁人眼里，张先生是一个乐于助人、处处为身边人着想的"超级暖男"，但作为枕边人的张太太却很少能感受到这份暖心和关爱，所以她在同学聚会上有机会就抓住曾经的"暧昧"事件紧紧不放，在张先生的同学面前大肆贬低或嘲讽他，甚至"臆想"出一段先生的出轨经历。当张太太澄清自己的"心结"后，终于明白了社交颜面是需要双方共同维系的。当先生在旁人面前颜面尽失的时候，他就会对太太心生嫌隙，不愿意将太太带入自己的社交圈子，这就是亲密关系产生裂痕的开端。

咨询后，张先生和太太的心结总算得以解开。两个人的相处是否就此恢复到正常状态，就要看在以后的生活中，彼此是否能诚实地面对自己的情绪、同时愿意把自己的真实感受告诉对方，而对方也愿意给予真诚的回应，这才是伴侣交流的重点。

19 / *硬币的 AB 面：*
亲密关系中的嫉妒和羡慕

"比较"是人类的天性，从远古时代开始就已内置在我们的基因里，让我们获得更多生存的动力。比较会让人产生两种情绪，一种叫羡慕，一种叫嫉妒。它们在亲密关系中就好像一枚硬币的 AB 面，浑然一体，你中有我，我中有你。

嫉妒是一个"报警器"

硬币的 A 面我们称为嫉妒。

嫉妒有两种形态：当嫉妒的理由以现实为基础时，虽然其中也会有愤怒的情绪，但往往不会存在病态、负面的元素；另外一种情况是，嫉妒并非以现实为根据，而是由我们的基本性格特质所生发的主观猜测带来的，这种嫉妒很难化解，甚至经常会给亲密关系带来灾难。

所以当我们的内心被嫉妒控制时，我们要问一问自己是真的"妒"火中烧，还是背后隐藏着某种情感需求。嫉妒就像隐匿在我们心底的小怪兽，自身携带着悲伤、恐惧和愤怒的情绪因子。当我们意识到自己可能会失去关注、爱或承诺时，这只小怪兽就会冒出来头来咆哮不止，打破我们心底的平静与安宁。

嫉妒更像是一个"报警器"，试图向我们传递两种信息。第一种信息是"请注意我"，通过"妒"火中烧的嫉妒情绪告诉对方你要注意我，这是一种希望得到更多关注的恳求，假如这种恳求得不到回应，嫉妒之火就会烧得更烈。第二个信息是"请抓住我，以免我受伤"。这是一种人类从小就有的情绪，例如我很期望妈妈在走路时能抓住我，但妈妈并没有，而是抓住了弟弟，那么我对弟弟就会产生"妒"火中烧的感觉，这种信息也可以解读成求援的呐喊。

因此，我们要理解和接受嫉妒的自然情感属性，**当我们渴望得到更多关注或援助，却被对方完全漠视时，嫉妒的情绪就会在这一刻爆发**。这个"报警器"告诉我们需要检查亲密关系是否临近燃点，或仅仅是一次防患于未然的误报。

羡慕里也会带着恨

硬币的 B 面叫羡慕。嫉妒中往往包含着羡慕，羡慕中也掺杂着嫉妒。假如用二八分来看，那在嫉妒中就带有两分羡慕，而羡慕中则带有两分嫉妒。

羡慕是指看到别人拥有的，也希望自己能拥有。引发羡慕的诱因是别人拥有我想要的东西，而这个东西也许是真实的，也许只是象征意义的。例如，我很羡慕别人有一件漂亮的玩具，我希望自己也能拥有。

相较于嫉妒所呈现的"ABC 三角关系"，羡慕是一种存在于两者之间的情绪，呈现两点一线的 AB 关系。用刚才的例子，我羡慕别人的漂亮玩具，这是"我—玩具"的 AB 关系。但是如果这件玩具本来属于我，但却因为种种原因给了别人，那我就会嫉妒别人抢走了我的玩具，在嫉妒中存在"我—别人—玩具"的 ABC 三角关系。**羡慕是希望得到别人所拥有的，而嫉妒则是别人抢走了我所渴望的，这是两个情绪的明显分界点。**

羡慕：我 ○ ——→ 玩具

嫉妒：

我

（关系）　　　（归属）

别人 ◂--- --→ 玩具

（归属）

此外，人们往往会觉得嫉妒是一种偏贬义的情绪，羡慕是一种偏褒义的情绪，其实不尽然。羡慕确实可以以善意的方式呈现，例如我们的朋友即将去旅行，但是我因疫情无法出门，好羡慕他们能去，希望朋友一路平安，玩得开开心心。当然善意的表达之下，内心的直接想法可能是：如果我也能去就好了。

另一方面，羡慕也可能充满恶意和残酷。我表面表现出来是羡慕的，但是我的内心是愤怒和痛苦的，因为你占用了更多资源，令我被不公平地剥夺了机会，失去了资源。所以对方一旦犯错，我们就不再羡慕他们，甚至有幸灾乐祸的心态，虽然我们表面依然会用安抚的语言，但我们的内心会窃喜，暗叹这一切都是你活该。

拨开迷雾，直抵心底

适度的嫉妒和羡慕可以带来对关系的思考，保持关系的活力，但过度的嫉妒和羡慕则会不自觉地影响我们的认知和思维模式，侵蚀我们和伴侣的亲密关系。当陷入嫉妒和羡慕的迷雾中时，我们应该怎样澄清这段关系呢？我们究竟是羡慕还是嫉妒呢？我们是愤恨原本应该属于自己的资源被抢走了，还是发出求助的呐喊，寻求对方更多的关注呢？

　　魏先生和太太结婚多年，两人是同一个单位的公务员。某天太太告诉先生科室即将有一个晋升的机会，让他努力争取一下。到了竞聘结果出来后，得到提拔的是另外一位同事而非魏先生。得知结果并不如意，太太开启了每天三次的"吐槽模式"，认为那位同事在司年资、工龄以及各方面能力都不如先生，只是凭借幕后关系得到机会。

　　先生原本一直认为虽然同事年资不如自己，但各方面能力都比自己优秀，得到晋升也很合理，但禁不住太太不停地"吹枕头风"，编织出各种"内幕"，他开始去回想同事哪些地方做得不好，自己又在哪些地方做得更出彩。本来先生仅仅是羡慕，并没有嫉妒的情绪，但他慢慢觉得同事德不配位，从羡慕变成嫉妒，胡思乱想之下甚至影响了工作的正常开展。

　　我们经常会在"嫉妒／羡慕"这枚硬币的两面中转换，有时呈现嫉妒这一面，有时则呈现羡慕那一面，甚至有时由于硬币旋转太快，根本看不清自己处在哪一面。两个人步伐一致时相安无事，可如果别人迎头赶上甚至超越了自己，又或者在相同资源下我们得到的结果并不一致时，嫉妒和羡慕就会油然而生。

　　在上面的案例中，先生在羡慕和嫉妒间的转换，其诱因未必全然源于自身，旁人的观点或情绪的表达也起到了"煽风点火"的作用，继而让我们的情绪随之发生变化。职场上如此，在亲密关系中也同样如此，多留意一下我们是否会在羡慕和嫉妒的转换中洞悉自己内心的真实需求。

　　马波和莎莎是广州一所高校的同学，毕业后留在广州工作，并成家扎根。马波的老家在湖北，莎莎的老家在海南，各自的父母都住在老家，三个家庭的地理位置呈三角形。每年春节，马波和莎莎会轮流到对方老家过年。

　　有一年临近春节，马波的爸爸摔倒住院，而这一年刚好轮到二人回莎莎老家过年，但因为马爸爸住院，马波跟莎莎商量今年先回湖北，明年再去海南，莎莎父母也都同意。

　　春节过后，五一临近，莎莎的妈妈给女儿发微信，邀请他们五一假期回海南老家。但刚好小两口五一假期都要加班，莎莎就告诉妈妈需要等到十一假期或者明年春节才能回去。如此，莎莎妈妈认为小两口已经确定十一假期回老家，老两口为了迎接女儿女婿回家做了几个月的准备，而这一切莎莎却浑然不知。

　　十一假期前夕，小两口准备外出旅游，却突然接到了爸妈的电话，询问他们回家的具体航班。得知小两口并没有计划回海南后，莎莎的妈妈在电话里说了很多让女儿难堪的话。之后几天，莎莎妈妈每天都要打两三个电话，催促他们确定回老家的时间，莎莎每次都跟妈妈表明两人已经准备好外出旅行，但妈妈依然不为所动，每次电话都以吵架告终。

　　直到有一天，看女儿不为所动，莎莎妈妈要求跟女婿直接对话。马波脸色凝重地跟电话那头说了好久，最后默默地放下电话，从去旅行的"坚定党"变为劝莎莎回老家的"和事佬"。原本以为小团聚能皆大欢喜，但小两口回到海南后，岳父岳母始终觉得心里不爽，总是有意无意处处针对女婿，最后连莎莎都看不过眼，认为父母太霸道。

假期结束回到广州后，马波开始变得沉默寡言，每天下班就关上房门干活。开始莎莎以为先生是因为假期积压了很多工作才这样的，不以为意。直到有一天她猛然察觉彼此连约定好的周末拍拖时间也没有了，于是与先生展开了如下对话：

莎莎：你怎么回事，好久没有跟我好好说话了。男性要大方点，有事情说出来，不要憋在心里。

马波：我有什么可说的呢？你们母女俩本来就是合伙的。

莎莎：我们怎么合伙？

马波：你自己做的事情心知肚明。

莎莎：你把话说清楚，我究竟做了什么？

马波看了莎莎一眼，一句话都没说，径直回房间关上了房门，留下一脸茫然的莎莎待在原地，百思不得其解。

原本很和谐的小两口，为什么走向争执和冷战呢？在我看来，这背后其实隐藏着马波因嫉妒而产生的不满，这些不满又以冷战的形态表现出来，伤害和侵蚀着两人的亲密关系。

马波的不满在于他很在乎和太太的相处时光，对两人的旅行充满了期待和憧憬，但岳父岳母为他们回家准备了好几个月，而自己从来没跟他们表示过要回去，马波脑补成这一切是太太预先跟家里商量好的，认为就连那次和岳母的直接对话也是被太太摆了一道，充当了一次"工具人"而已。

这些不满和愤怒，马波都选择闷在心里一言不发。这里面隐藏的情绪你能察觉到吗？马波的愤怒源于他内心的嫉妒，原本属于自己的二人世界被岳父岳母占用了，他记恨岳父岳母的霸道剥夺了他享受美好假期的权利；此时对马波来说，自己仿佛是在和太太的父母"竞争"太太，马波突然感到自己置身于一种竞赛场景中，太太是被自己和岳父岳母争夺的对象。相比于自己，马波认为太太和岳父岳母的关系是更亲密的，以至于太太没有坚持夫妻二人的立场，争取原属于两个人的旅行计划，而是站在她父母的一边。马波心里滋生出了比较的念头，便会油然而生一种嫉妒的情绪。

另一方面，莎莎其实也觉得很委屈，她也相当期待和先生的二人旅行，根本不知道父母为他们回去所做的准备，而且后来回老家的决定不是自己做的，在老家也因为父母对先生处处为难而跟他们闹翻了，先生却一点也不领情，还说她跟家里早就串通一气。

但我们都会隐藏这些心里的真实想法，表面上一言不发，好像没什么所谓。其实这是一种假善的讨好，以此来掩饰内心的不满，给自己洗脑说"我并不在意"。事实上，在一段关系中，这些情绪混合在一起就是一种"警示"，提醒我们需要和对方好好谈谈，而不是把自己内心的感受隐藏起来让对方猜度。

嫉妒和羡慕并不可怕，但其带来的不着边际的猜忌和怀疑却是真正摧毁亲密关系的利刃。在亲密关系中，很多恋人都喜欢玩"你画我猜"的游戏，盲目地相信彼此间的"默契"，当彼此的需求和在乎没有得到及时回应和澄清时，嫉妒和羡慕就有了悄然滋生的土壤。坦然地说出心里的感受和想法，抛弃那种"自己内心的想法被对方洞悉就会处于下风"的观点。毕竟我们只有交流和对话，才能澄清误会，哪怕是吵架，也意味着有澄清误会的机会。

20 亲密关系里，
每个起承转合都五味杂陈

愤怒、嫉妒和羡慕是亲密关系中的显性情绪，我们往往很容易就能从中感受到对方的心潮起伏。在亲密关系中，还有着其他较为温和、难以言说的情绪，例如悲伤、失望、恐惧、内疚和困窘等等。这些情绪很少像愤怒那样在我们的心海中翻起惊涛骇浪，但却前赴后继地拍打着我们的心岸。

合理期待，安然蹚过情绪的河流

悲伤是亲密关系中很常见的情绪之一。例如，一对亲密爱人刚结束了一场惊天动地的争执，彼此内心都会伤痕累累。悲伤是一种因失去或失落而带来的心境。在婚姻中每个人都有一些很看重的东西，例如承诺或辛辛苦苦建立的某种关系，一旦失去它们就会带来悲伤。

这种悲伤往往不会直接浮现，而是先以失望的形式呈现。例如有一对热恋中的小情侣，男生承诺女生是他的"唯一"，直到某一天男生告诉女生自己要结婚了，而新娘不是她。女生万般痛苦，疑惑男生的突然变心是否另有苦衷。我们看到，亲密关系中的失望源于我们的期待，期待越大，失望就会越大。一旦这个期望不能实现，就会带来悲伤、恐惧、内疚的情绪，这些情绪构成了我们的失望。

　　亲密关系中还经常会出现悔恨、焦虑的情绪，这些情绪同样跟期待有着莫大关联。在婚姻或者亲密关系中，我们都很坚定和珍视彼此的承诺，可是给了承诺又不去实现，或不断拖延，同样会带来问题。例如，原本充满憧憬策划的结婚周年纪念日的旅行，却因对目的地的选择不同而争执，两人进入冷战状态；马上就到了原本期待的日子，旅行却还没有着落，这样的心理落差就会带来焦虑，随之引发担忧、悲伤和厌恶，甚至担心这次争执会导致对方不再爱自己，脑补无数剧情并再次陷入无穷的焦虑中。

　　因此，在婚姻和亲密关系中，期待是很重要的一环，期待的背后是彼此的承诺。例如，我们会说"爱你一生一世"，这是一个终生的承诺，唯一性、愿意甘苦与共，这些都是一生一世背后的潜台词。这些潜台词会衍生出不同的情绪，例如"执子之手，与子偕老"这句话里就存在着很重的期待，这种期待同样会带来焦虑、失望，甚至是悔恨。

　　在婚姻中，如果缺乏期待，爱情的小船就犹如逆水行舟，寸步难移；但过高的期待又会带来无限遐想，当期待无法被满足时，将会迎来挫败，爱情的小船就会轻易被掀翻。

爱是亲密关系中最大的情绪

　　在婚姻或者亲密关系中，我们深爱对方，那爱是不是一种情绪呢？

　　爱可以是一种情绪，也可以是一种状态。例如对方问我是否爱他／她，他／她可能是在表达一种被关心和关注的需求，可能是对方觉得这段时间得到的关注较少，借着爱的发问希望得到应有的关注和关爱。

爱更多呈现为彼此的一种关系状态。亲密关系中，正向的爱会让人开心、喜悦，充满期待；负向的爱则会产生指责、愤怒、恐惧、悲伤、寂寞、挫败感等情绪。在婚姻里，我们需要栽培正向的爱，为彼此的关系创造更多开心、喜悦、可兑现的承诺和可实现的期待，减少悲伤、愤怒、指责甚至挫败的情绪，这样爱情之花才能在我们的婚姻中持续盛开。

莫先生和莫太太结婚已经二十个年头，被称为"瓷婚"，寓意着二十年的光阴使两个人从少年转变成为家庭和事业奋斗的中年人，这个阶段的感情非常珍贵，却也最容易破碎。对于太太来说，用这个寓意来描述她目前的心境最恰当不过。

先生对太太很好，也是一名称职的父亲，但太太总觉得两人的感情差了一点甜。原来，先生是一位坚定的行动派，从追求太太到结婚生子这二十多年来，从未对太太说过一句"我爱你"，他认为爱是不需要说出来的，只需要行动。太太曾经问过他，先生回应说，甜言蜜语太虚了，真爱的婚姻需要用行动代替不靠谱的语言，"吹水吹不出爱情"。

"我爱你"的缺席，让太太这二十多年来耿耿于怀。她百思不得其解，为什么旁人能轻易说出的三个字，对先生来说却如此艰难，她很明白先生对自己的深厚爱意，但是如果没听到先生亲口说出，将是一件很遗憾的事情。先生同样也不理解为什么太太对一句话有如此执念。带着这样的问题，两人来到了咨询室。

在咨询室里，我和两位讨论了爱究竟是什么，解剖婚姻中彼此的需要：爱除了行动，还需要语言和情感的交流。我让太太尝试清晰地告诉先生："我爱你。"

我：莫先生，刚刚听到太太说"我爱你"后，你有什么感觉呢？

先生：哎呀，老夫老妻说这些很肉麻，汗毛都要竖起来了。

我明显看到先生说这句话时是违心的，因为他脸上挂着遮掩不住的笑意。莫先生是一个很容易害羞的人，听到太太的表白后一方面觉得很暖心，另一方面又显得很不好意思。

我：除了觉得肉麻，我们再说一下你的感觉。

先生：心里觉得挺舒服的。

我：先生听太太说"我爱你"后，心里很舒服，那太太是不是也需要听到先生的某些话，让她心里也舒服呢？前提是你们都知道彼此是相爱的，都很清楚用行动表达爱。

先生：是的。（非常肯定地回答）

我：那先生可以尝试一下在内心跟太太说"我爱你"，但并不需要说出口。

先生一开始想拒绝，但看到我和他太太都用很期待的目光看着他，于是嘴角轻轻动了一下。相信他已经在心里说出了这句话。

我：你在心里说完这句话后，感觉怎样？

先生：很奇怪，一种从来都没有的感觉。

我：尝试用非常快的语速把这句话说出来，语速可以快到我们根本听不清你在说什么。

先生快速地说了一句含糊不清的话。

我：说完之后感觉怎样？

先生：其实也不是那么难以出口。

我：那么尝试把语速稍微放慢一点，你可以继续当我们听不清楚，只是比刚刚的语速慢一点而已。

有了第一次的尝试，先生这一次说得十分爽快。

我：现在感觉怎样？

先生：其实我是可以尝试放慢速度说这句话的。

我：那你尝试一下，用太太能听得清楚的语速来说。

先生用明显比平常稍快的语速说了一句"我爱你"，但是也能让太太听得清楚。

太太听到之后，脸色开始泛红。而我显然并不会在这个时候罢手。

我：我希望大家都能清楚地听到这三个字。尝试一下，先给自己三秒时间酝酿。

先生酝酿了三秒后，清晰、缓慢、深情地对太太说出了"我爱你"。此时先生情不自禁地流出两行热泪。太太自然更是相当激动，二十多年来终于从先生口中听到了心心念念的三个字，尽管有外人在场。

我轻轻地示意太太过去拥抱一下先生。当太太起身时，先生也同时从座位站了起来，缓缓地走到太太身边轻拥着她，在她耳边再次说了一句，"我爱你"。

整个咨询室变得很安静，我慢慢退出了房间。三分钟后，当我再进去时，先生和太太已经分别坐回了自己的位置。

我：莫先生，说完这三个字感觉怎样？

先生：很奇妙，心好像被电流冲击了一样，浑身感到一股暖意。

我：莫太太，二十多年终于盼到先生跟你说这三个字，你的感觉又怎样呢？

太太：现在我不仅在行动上能感受到先生很爱我，而且当他从口中说出爱我的时候，我感受到了这种情感是多么浓厚。

我：那以后你们准备多久说一次"我爱你"呢？

太太：其实我每天都会对他说的。

先生：我会学习、尝试去回应她的"我爱你"。

我：很好，那就学习、尝试每天跟太太说一次"我爱你"吧！

莫先生和莫太太彼此相爱，只是先生一直认为用行动证明爱意比用语言表达更有效，这令太太在二十多年的婚姻中始终带着遗憾。

在案例中，我们也很欣喜地看到，当爱被正向表达的时候，喜悦就会出现。在亲密关系中，彼此分享开心和喜悦能产生更多的喜悦和爱，为婚姻创造出更多的正向情绪。

婚姻的意义不仅仅是用行动履行承诺，双方也需要提供更多的情绪价值，发自内心地彼此看见、理解、接纳和陪伴。让我们成为对方心里最值得信赖和依靠的那个人。

21 聚沙成塔，
感情破裂从来没有"一键快进"

很多人说，亲密关系中充满意外，对方会无缘无故发脾气，或者毫无征兆地不辞而别，让人很不理解。但是，是否真有这么多的无缘无故和意外呢？在任何一段感情中，从陌生到熟悉，再到极度亲密，最终渐渐疏离甚至关系破裂，其实都会经历一个过程。

无论多么恩爱的伴侣，也都会产生各种各样的矛盾。这里的矛盾说的是我们对一些问题的观点和看法不一致：观念、见解不同，审美也不一致。

这些矛盾如果没能达成共识，也没能求同存异，就会慢慢累积成心结，引发各种各样的冲突，让彼此的距离越来越远，曾经恩爱无比的感情也会趋于冷淡，最后甚至劳燕分飞。冰冻三尺，非一日之寒，**感情破裂都会经历"争拗—对抗—撕咬—破碎"四个阶段。**

感情破裂的第一个阶段是争拗

两个陌生人从认识到互有好感，继而相爱，到最终结婚，在这个过程中，尤其是在炽热期，会产生矛盾吗？答案肯定是——会！只是在炽热期里我们深爱对方，所以当彼此观点不一致时，我们会心甘情愿地去迁就对方，自觉地把矛盾隐藏起来。

当炽热期的温度慢慢降低时，我们会恢复部分理智，原本暂时能迁就的不同观点此时就会浮现。这个时候，可能原以为彼此都认同的观点会被其中一方否决，于是新的矛盾点就会产生。

这些矛盾的核心在于：以前你不是这样的，为什么现在会这样呢？为此，双方开始争吵，再慢慢演变成争拗。

德远对宝儿一见钟情，展开了热烈的追求；宝儿对德远则若即若离，她有许多可供选择的对象，德远只是众多追求者中的一个，而且条件不算突出。但德远的优点也显而易见：只要一收到宝儿的电话召唤，无论任何时间、任何事情，德远都能第一时间出现在宝儿面前，随传随到是他跟其他竞争者相比最大的优点。

此外，他还是一个很好的聆听者和陪聊者。宝儿逐渐发现当自己心灵空虚或没什么特别安排时，她都一定会找德远来填补这些空闲时间。而德远也热衷于扮演聆听者的角色，与宝儿分享她日常的喜怒哀乐，在宝儿困惑时帮她出谋划策，在她情绪不佳时充当"树洞"。

随着时间慢慢推移，宝儿在花丛中评估了所有的"蜜蜂"后，觉得可以答应德远的追求。当两个人从好朋友变成恋人后，德远也一如既往地围在宝儿身边，因为他很清楚，如果自己不够殷勤，宝儿很快就会被其他竞争者抢走。在利益的驱动下，德远更努力地维护这段感情，终于有一天，宝儿答应了德远的求婚。

蜜月期间，宝儿很自然地用过往的相处方式来对待德远，但她很快察觉到德远并不像以往那样有耐性，往往自己还没说两句话，就被德远直接打断，终结话题。宝儿觉得心里很不舒服，但是她说不出这种不适感究竟来自哪里。

带着蜜月期的疑惑和不适感，宝儿回归到日常工作中，和德远平静地度过了婚后的前三个月。某天，宝儿要出一趟差，需要离家半个月。以往只要德远知道宝儿要出差，就会帮她把行李箱整理得妥妥当当。但那一天，正在家中加班的德远头也不抬，淡定地跟太太说了句："那你自己收拾行李吧，我这段时间也经常加班，不能经常给你打电话了。"

宝儿出差期间，德远的问候信息少之又少，基本都是"吃饭没有""早点睡觉"之类的只言片语，或者一个表情包。宝儿回想起结婚前，每次出差总会收到德远殷切的问候，甚至一天几个电话地嘘寒问暖。她不禁拿出婚前婚后两人发的信息做对比，在远方的酒店里，宝儿第一次觉得德远的样子很陌生，跟之前的暖男形象判若两人。带着偌大的疑问，宝儿和德远展开了如下对话：

宝儿：以前我出差你总是很紧张，为什么这次出差你完全不在乎呢？

德远：我们都经常出差，出差完回家就好了。

宝儿：你以前不会这么冷淡的。

德远：以前是我迁就你，每次你都要求我发很多信息、打很多电话。其实每次发信息或者打电话我都是冒着被老板、客户骂的风险；我甚至冒着失去客户的风险第一时间回复你信息。

宝儿：我不需要你迁就我，如果你不想打电话，那以后都不需要打了。

第二天，德远突然又恢复了以前追求阶段的"殷勤"，每隔几个小时就来一次电话，但每次通话都仅仅是聊聊日常。隔着电话，宝儿都能感受到他的心不在焉。她对德远的敷衍很反感，两人婚后的第一次争吵就在电波中展开了。

　　我们可能很享受另一个人对我们 200% 的好，但是否思考过在这 200% 的背后，其实有很大的危机或问题呢？我们在婚姻关系中都会经历一些假象，这些假象带来的问题需要我们反思，否则感情破裂的第二个阶段就会接踵而至。

感情破裂的第二个阶段是对抗

　　当吵架和争执越来越多，亲密关系就会产生很多隔阂。这些隔阂会带来各式对抗，如互相隐瞒财产、收入、职场升迁，或者绝口不提和异性的来往，抗拒在对方面前敞开心扉等。

　　回到刚才的案例。宝儿和德远在吵吵闹闹中度过了婚后的大半年，自从蜜月期两个人第一次吵架之后，争执就再没有停止过，就连"外卖要点清淡的还是重口味的"都能成为两人吵架的导火线。"吵架—冷战—短暂和好—吵架"的剧情循环上演。

　　在又一次因为鸡毛蒜皮的小事而吵得天翻地覆后，德远在路上甩下宝儿，自己回公司加班。伤心欲绝的宝儿给男闺蜜打电话，相约到咖啡店谈心。午后，在咖啡店爵士乐的萦绕下，宝儿把这大半年来受到的委屈一吐为快。男闺蜜建议宝儿和先生好好谈谈，还现场教给宝儿不少沟通技巧与方法。本着解决婚姻中的争吵和矛盾的想法，宝儿打算晚上和德远进行一次深入的沟通。

　　宝儿：我觉得我们要好好谈一下。

　　德远：好好谈一下是什么意思，要谈些什么？有什么好谈的？

　　宝儿：我只是想跟你谈一下，为什么你反应这么大呢？是不是你自己有什么事情？

谈话都还没开始就已经宣布结束，随之而来的是两人又一次激烈的争吵。隔三岔五的争吵每次都让宝儿刷新对德远看法的下限，德远在宝儿心中的形象越来越陌生和模糊，不再是两人恋爱阶段那个殷勤周到的暖男。在两人结婚一周年纪念日前夕，宝儿希望借一次甜蜜的约会来缓和彼此的关系，可碰巧纪念日当天德远要去深圳出差。

纪念日当天，出差在外的德远一个电话也没有打来，宝儿忐忑不安地主动联系他。电话那头很安静，德远的声音格外冷漠，他表示自己在陪客户，说了一两句便挂了电话。宝儿第二次打过去时更是直接被德远挂断。夜深人静之际，孤枕难眠的宝儿再次拨通了电话，抱怨德远再忙也可以发个信息，毕竟这是两人的第一个结婚纪念日，而德远的声音依旧冷漠和不耐烦。

德远出差回来后，纪念日约会的提议不了了之。接下来的日子里，两人就像约好了一般轮流出差。德远待在家里的时间越来越少，独守空房成了宝儿的生活常态，德远偶尔在家也显得沉默异常，就连在工作上得到升迁也不愿意和宝儿分享。

在咨询室里，宝儿木然地对辅导师表示，德远这一年多来在工作中的状况她一点都不了解，而德远隔三岔五的出差里有几次是真、几次是假，她也觉得没有必要去深究了。毕竟万一问得清清楚楚，却发现原来对方在欺骗自己，肯定会更难过痛苦，还不如当个感情的"鸵鸟"，什么都不去问，就当什么都没有发生过。

宝儿和德远从热恋发展到了如今的同床异梦。面对不确定的事情，宝儿不自觉地选择了回避，以免在得知真相后无法承受痛苦，而德远对自己的工作和生活守口如瓶，这种沉默也让两人的关系渐行渐**远。对抗就像两人关系里的一堵"玻璃墙"，曾经亲密无间、你侬我**

依，到如今互相戒备、层层设防，这段感情究竟还有没有未来呢？

感情破裂的第三个阶段是撕咬

关系撕咬往往发生在一些我们不易察觉的裂痕上，甚至可能是由外界揭秘的：有些事情所有人都知道，唯独当事人蒙在鼓里。当这个秘密无意中被当事人获悉，想去求证它是否真实时，可能就会给两人的关系带来一轮更激烈的纷争。于是彼此的戒备心变得更强，希望获得更多真相的欲望也更大，如此循环，更深的裂痕就会产生。

当感情处于撕咬状态时，首先表现为情绪上对彼此的强烈不满，甚至是行为上的相互背离。有些人会选择分居，即使勉强生活在一起，两人却像合租的房客，过着井水不犯河水的生活。

在一次同学聚会上，宝儿中学时代的女闺蜜无意中提起，前阵子看到德远和其他女生亲昵地在酒吧喝酒，提醒宝儿留个心眼。面对闺蜜的善意提醒，宝儿在表达谢意后也明确表示会百分百相信伴侣。回家后，本着希望婚姻继续走下去的愿望，宝儿跟德远说起此事，并婉转地表示让先生别喝太多酒、多注意身体。可没想到德远的反应异常强烈。

德远：谁看到我喝酒了？我从来不喝酒的，无论是谁跟你说的，都是想造谣中伤我！

宝儿：我只是想善意提醒你不要喝酒，你的反应需要这么大吗？

德远：你是在跟踪我吗？你怀疑我做了对不起你的事情吗？

宝儿：我从来都没有跟踪你，只是善意提醒你注意身体。

德远：你肯定跟踪我了，你究竟想要做什么，想达到什么目的？

于是，两人再次发生了一场没有结果的争吵。德远坚持自己是被冤枉的，拿着枕头被子去书房睡觉。从拍拖同居到结婚，不管之前吵得多么激烈，小两口也没有过分房而睡。第一次看到先生甩门而去，宝儿泪流不止，彻夜难眠。即使事后在咨询室说起这件事，她依旧忍不住流泪。

宝儿纠结是否因为自己多心而冤枉了先生，导致其反应强烈。她流着泪给隔壁书房的先生发了一条很长的信息，希望得到德远的原谅。信息发出后很快收到了德远的回复，但仅仅是毫无感情的六个字：很晚了，睡觉吧！第二天，宝儿早早起床做好了早餐，德远只说了一句"赶时间"，就匆匆出门上班了。

不久后，另一名闺蜜发给宝儿两张照片，并郑重声明自己无意做任何破坏，如果不发照片的话感觉对不起多年的好朋友，假如照片给宝儿带来冲击，她愿意陪同宝儿一起寻求婚姻辅导。

闺蜜小两口度假的时候，无意中看到前方热恋男女的男主角居然是宝儿的老公，她拍了一张近距离的背影照之后，特意让自己的老公绕到前头再悄悄拍了一张正面照，两张照片足以看清照片中人的相貌和表情：照片里德远拉着一名女生的手，快乐地从酒店往外走。

宝儿看到照片后脑海中一片空白，早早地下班回家了，千言万语，不知从何说起。下班回家的德远看到习惯加班的宝儿居然比自己到家早，也相当诧异。

德远：你今天怎么那么早下班呢？

宝儿：我有些事情想对你说，可是又不知道应该怎么说，我又怕说出来后你会生气，所以特意早点回来等你。

德远：你又想发什么神经呢？求求你别这样，再这样下去我们很快就拜拜了！

听到先生的冷言冷语，宝儿忍不住泪流满面。

德远：说你两句就开始哭，你究竟想怎样？有什么想说的你就说吧，如果你觉得过不下去那就离婚吧！

宝儿直接把两张照片发给了德远，德远看完后一句话都没说，直接进了书房打游戏。在咨询室里，宝儿哭着对辅导师说，他承认也好，否认也罢，她都可以接受，但是她无法忍受德远的直接漠视。整个晚上，德远都在若无其事地打游戏，一言不发。宝儿流着泪看着这个曾经把自己宠成公主的男性，终于说出要分居的决定。

看到太太声泪俱下地诉说，德远只是轻轻说了一句："如果你想走，就收拾行李回你妈那里吧。"目光一秒都没有从眼前的屏幕移开。冷静下来的宝儿很清楚一旦自己收拾行李离开这个家，以后就再也没有机会回来。她在洗手间洗干净脸，做好了饭，也不知道自己是怎么一个人把饭吃完的，而后回到房间昏昏沉沉地睡下；半夜哭着醒来的宝儿，听到了德远在书房与别人打电话的声音。

在这段愈发让人窒息的关系里，曾经相爱的两个人是怎么走到撕咬这个阶段的呢？是出轨令双方的关系更恶劣，还是因为男生在婚前婚后截然不同的态度？这个答案，当事人自己依旧懵然不知，但很明显，他们已经走向了感情破裂的第四个阶段。

感情破裂的第四个阶段是破碎

撕咬使裂痕不断扩大，日渐达到了无法弥补的状态。在这个阶段，分道扬镳往往是这段感情的最终结局。有些夫妻考虑到很多现实因素，往往不会选择离婚，而是凑合着继续过日子，夫妻关系名存实亡；也有一些怨偶尽管感情已经破裂，但却本着"我过得不好，你也别想好"的心态拒不分手、相互拖累。

回到上述案例，宝儿在两人感情处于对抗阶段时就开始寻求婚姻辅导；当步入撕咬阶段时，宝儿很清晰地知道两人的关系面临着重大转变，于是她诚心邀请德远一起来见见辅导师，结果德远一口回绝。

德远：我没有问题，有问题的是你，如果要去见的话也是你！

宝儿：我希望和你一起挽救我们的婚姻。

德远：你想得太多了，我们是没有将来的。我们已经结婚一年多了，你回想一下，这一年多以来你对我爸妈好吗？有跟我一起回老家看望过他们吗？你只会动不动就回娘家，给他们买一大堆有的没的，你想过我也有父母吗？

宝儿：你从来没说过要回老家看父母啊！

德远：这些事情需要我说出来吗？这些都是当媳妇的基本认知，我身边兄弟朋友的老婆从来都不需要老公提醒。你真的非常自私，永远只顾着你的爸妈，从来不会提议回家见我爸我妈，给他们尽孝。

宝儿：但每年大小节日，我都寄礼物给二老的啊！

不鸣则已，一鸣惊人。德远突然间冒出了无数的指责和数落，它们犹如一把把尖刀刺穿了宝儿的心。宝儿再一次发现，面前这个男性竟然如此陌生，面目狰狞、十分冷漠。她终于说出："我们离婚吧！"

结果德远居然马上拿出了一份离婚协议书，表示趁彼此还没有孩子牵绊赶快离婚，还清清楚楚列举了财产分割的各种明细。宝儿恍然大悟，原来对方早已做好了准备，一直以来只是自己一厢情愿，心存幻想。拿着离婚协议书回娘家的宝儿得到了父母的大力支持，她再一次来到咨询室，哭着问辅导师是否真的到了只能离婚的地步。

辅导师没有直接给出答案，而是和宝儿一起重新回看了整件事，对于德远在协议上提出的细则，也建议宝儿先去咨询律师。恢复理智的宝儿意识到离婚比勉强维持更重要，于是两人很快在律师的帮助下修改好协议，并达成一致，和平体面地结束了这段婚姻。

故事到这里画上了句号，宝儿却再次来到咨询室，希望我能帮助她从这段经历中学习和领悟婚姻的真谛。我首先和宝儿回顾了她和德远从拍拖到结婚这些年，两人感情的破裂究竟是从什么时候就埋下了伏笔：是结婚后发现彼此价值观不一致，导致日常生活中的诸多分歧，还是早在拍拖阶段就已经暗流涌动了？

"这些问题在拍拖的时候就已经有了，只是我觉得德远很贴心、随叫随到，而忽略了他真实的想法和需要。他不断迁就的背后都是有代价的，现在我终于付出了迁就的代价。"在咨询室里，宝儿终于释怀，能轻盈淡然地面对日后的人生了。

这个案例告诉我们，感情是不会突然破碎的，这份破裂早就埋伏在双方感情的前期，伺机而动。正如所有命运馈赠的礼物早已在暗中标好了价格。

思考一下，如果我们感情的破裂程度尚轻，仅仅处于争拗期或对抗期，我们能不能把这些矛盾拿出来讨论，看看不同的观点是否能达成一致或者求同存异。避而不谈只会让矛盾暂时隐藏起来，为将来的破裂埋下隐患。如果双方的关系真的走到了撕咬阶段，又有哪些地方可以进行修补，令彼此不至于走到破碎；如果关系真的最终只能走向破碎，那我们是选择还彼此自由，还是鱼死网破、同归于尽地互相拖累折磨呢？

这些问题，再高明的辅导师都不能给出答案，能给出答案的人，只有你自己。

22 爱之深，恨之切：
伴侣心中的钉子

最亲密的爱人也不是我们的分身，彼此思维的差异不免会酝酿出各种矛盾和冲突。如果不能及时解决，矛盾和冲突就会慢慢演变成对彼此的伤害，久而久之，就会形成我们心中的刺。

如果这根刺比较小，我们可以当它是鱼刺，虽然不吐不快，但暂时不足以致命；如果这根刺足够大，就会成为我们心中的一根钉子，迟早导致发炎、溃烂、祸及性命，最终，所有的情意都会因为这根钉子而走向终结。

在英语语法中，我们用时态表示行为发生的时间和状态。如果我们心中的这根钉子有时态，那么它也可以分成现在进行时、一般过去时和过去完成时。

现在进行时：此恨绵绵无绝期

第一根钉子我将其称为"现在进行时"的钉子。

心中有这根钉子的人往往会**觉得对方的背叛或者伤害是永久性的**。对于他们来说，钉子带来的伤害无法清偿，这根钉子甚至成了他们**受害的印记**。他们用叹息、哭泣、怨恨和愤慨时刻提醒自己和身边人作为受害者的痛楚。这种伤害对他们来说会不断重复、无穷无尽，甚至无法被清偿。这就是我们所说的"现在进行时"的钉子。

　　晶晶和梓朗未婚先孕，但由于种种原因，他们不得不决定放弃这个小生命。手术后，晶晶就开始不停地念叨，她埋怨梓朗让自己怀孕，并且扼杀了一条无辜的性命。刚开始，梓朗听之任之，把责任都揽到自己身上，还试图安慰晶晶。

　　一年过后，晶晶依然隔三岔五跟梓朗哭诉，怨恨他一时兴起、草率大意；怨恨他的冷酷无情、麻木不仁，如今落得自己伤痕累累，所有的伤害都是梓朗带给她的，而梓朗终其一生也无法弥补她内心的苦楚和伤痕。

　　晶晶的怨恨和愤慨一直延续到两人结婚后，任何一件小事都可以成为导火索，引燃她对梓朗的指责。梓朗一直很想要孩子，但每当两人讨论起这个话题时，晶晶总会眼泪涟涟，表示自己已经被梓朗伤害得体无完肤，拜梓朗当年的决定所赐，她没有再生育一个小孩的勇气了，最后更是口口声声指责梓朗是凶手和罪人。

　　在辅导师面前，身心俱疲的梓朗眼角泛泪。受孕是双方共同的责任，当年的决定也是双方共同做出的，并非梓朗一意孤行，失去宝宝让梓朗的内心也无比痛苦，但他不能接受晶晶把所有责任都归咎给他，并且三天两头以受害者的姿态，站在道德高地无情地谴责自己，这样的日子他已经无法再忍受了。他心中一直闪现着想要逃离的呼声，可身上背负的"虚无十字架"却让他寸步难移。

　　面对痛苦，很重要的一点是我们怎样看待自己曾经受到的伤害。如果你觉得伤害是拜对方所赐，那请扪心自问：如果你不愿意，对方真能伤害到你吗？伤害就好像飞驰到你面前掉下的长钉，这时候你会把钉子捡起来，重重地插入自己的身体吗？

假如伤害成了你心中"现在进行时"的钉子，你不会去原谅对方，对方带给你的伤害也将无法清偿。**不管如何痛彻心扉，你都不愿意把钉子拔除，而是允许钉子继续腐蚀你的心灵，直到与自己的身体融为一体，成为自我的一部分。**

让自己一直生活在痛苦当中，这是你的选择。因为你觉得你的痛能让对方更痛。但对方呢？对方也会因为长期受到亲密伴侣的谴责而痛苦不堪，长此以往总会有被压垮的一天；或者因为无法清偿伴侣的痛苦而选择一走了之。然而，这种伤痛并不会随着两人的分离而偃旗息鼓，只会继续隐藏起来伺机而动。因此，这根钉子伤人及己，令双方两败俱伤。

一般过去时：一次不忠，百次不容

第二根钉子我将其称为"一般过去时"的钉子。

一方的过失发生在很久之前，并且以后也没有再犯，但另一方却**把过失视为对方的前科和人生污点**，反复以此为由头揶揄、冷嘲热讽对方，故意使对方感到内疚、做出妥协，让渡原本属于对方的利益。**他们已经把这根过去时态的钉子顺利拔除，但并没有把它扔掉，而是紧紧抓在手里，不时拿出来刷存在感，以此作为约束和控制对方的工具。**

Alex是有名的单身贵族，一向奉行"万花丛中过，片叶不沾身"的交往原则。35岁那年，Alex找到了自己的"真命天女"，两人很快就确定了关系，准备步入婚姻殿堂。婚礼前夕，Alex和一帮兄弟出去放纵了一夜，以此跟过往灯红酒绿的花花世界说再见。

这件事无意中被未婚妻 Anna 知道，Anna 勃然大怒，甚至决定马上喊停婚礼。Alex 百般挽留，许下重誓，还写了保证书，承诺一生一世只爱 Anna 一人。最终，两人的婚礼如期举行。

婚后，只要 Alex 下班稍晚回家，例如晚上和朋友踢球，八九点才到家，Anna 都会大发脾气，认为 Alex 又和兄弟出去鬼混，要求他每次夜归都要发定位和现场照片。Alex 刚开始很理解 Anna，配合地拍照、发定位，甚至邀请太太一起参与日常的社交活动。

但几个月后，Alex 发现 Anna 并没有因此安心，反而变本加厉，无论去任何地方都要他发照片打卡。每当 Alex 提出异议时，Anna 都会拿出保证书，指责是因为 Alex 有前科，才会导致自己丝毫没有安全感。此时 Alex 都会服软，尽量满足 Anna 日渐过分的要求。但这种情况一而再、再而三地出现，让 Alex 不胜其烦，苦不堪言，开始萌生了分居的念头。

"一次不忠，百次不容""一次做贼，终生是贼"，假如我们的思维固化在这样的论调上，那何必跟对方在一起呢？假如你不能接受对方有出轨的前科，那可以选择分开；但如果你想要和对方一起面对将来，但又不愿意接纳对方的过往，那不妨问一下自己：这种伤害确实是由对方带来的吗？还是你想以此要挟或者控制这段关系呢？

其实，你已经把钉子拔出来了，你可以原谅对方过去对你的伤害。但是你依旧把钉子紧紧握在手中，随时提醒自己和对方：你曾经伤害过我，你必须对我好。这种做法在前期还能稍起作用，但总是揪着对方的过去不放手，反而会让对方感到处处被约束和控制。即使他曾经有过失，心怀愧疚，也不会长期心甘情愿地做出不利于自己的选择，也很难在不对等的婚姻中感受到幸福，有朝一日会忍无可忍地离开。

另一种情况是，既然被认定了有前科，还不如破罐子破摔。正如我们经常会看到的名场面：一方抓住对方的一次暧昧而大做文章，对方不能接受自己"被判出轨"，索性一不做二不休，为自己创造真正出轨的机会，反正错一次是错，错十次也是错，还不如堂堂正正豁出去。

造成这样的局面，你认为和你心中那根钉子有没有关系呢？是谁一次又一次地把对方推出门？如果你觉得钉子是在提醒对方曾伤害过自己，是让对方对自己更好的控制工具，那这种得不偿失的结果你可以承受吗？

扪心自问，尝试诚实地面对自己的内心。

过去完成时：一别两宽，各生欢喜

第三根钉子我将其称为"过去完成时"的钉子。

叶子飘走了，究竟是因为风的追求，还是因为大树不挽留呢？当他们心中的钉子处于"过去完成时"，所有发生的事情都正如飘走的树叶，已成过去式。既然事情的结果已经不能改变，他们能做的就是要确认和澄清"昨天"对"今天"和"明天"的影响在哪里。

假如他们能发觉过去的问题所在，从中得到警示和学习，那么他们就可以从过往的经历中汲取前进的力量。当他们做到了，他们的内心就会释怀，他们会对自己说：**"过去已经过去，我可以重新出发。"**他们拔掉了心中的钉子，并且把它抛诸脑后，尽管伤口可能仍在滴血，但他们确信终有一天会愈合。

这是处理钉子最理想的状态，我们将钉子拔出来扔掉，**用原谅的心态重新接纳对方，原谅对方其实就是原谅自己。**亲密关系中你耿耿于怀自己受到的伤害，不能释怀带来的损失和伤害可能比对方直接造成的更大、更重。

当然也有可能你选择放下，原谅了对方，但理性地梳理你们的关系后，发现了一些不可调和的分歧，而最终决定结束现在的亲密关系。在这样的情况下，尽管彼此可能已经各奔前程，但仍可以反思在裂缝出现时我们还能做些什么以避免"踏进同一条河流"。

是及时止损、云淡风轻、再见亦是朋友，还是因爱生恨、反目成仇、伤人伤己，决定权在你手上。

23 亲密关系脱轨翻车，先别埋怨痴心错付

Q1．当发现亲密爱人有出轨嫌疑时，你会 _____

A．直接问对方

B．暗中观察，悄悄地收集证据

C．不主动收集证据，但会有意无意旁敲侧击

D．躺平，默默等待对方坦白

Q2．因对方出轨愤而想分手，可对方苦苦挽留，你会 _____

A．原谅对方，努力自我疗愈，愿意继续携手向前

B．听其言，观其行，要求对方用实际行动弥补，观察一段时间再说

C．尝试原谅对方，但坚定不移要求分手

D．罪无可赦，绝不原谅，坚决分手

Q3．对方出轨导致分手后，你会选择以下哪种方式治愈情伤 _____

A．迅速积极投身到下一段感情中

B．找人倾诉，寻求心灵安慰和支持

C．游山玩水，发展新的兴趣爱好，专注学业或工作，转移注意力

D．心如止水，累觉不爱，躲起来沉寂一段时间再说

出轨、劈腿、外遇，都是严肃的话题，但我们不妨从轻松的角度切入。喝口茶，深呼吸，来一次关于出轨的"真心话，大冒险"。

互动练习部分的问题并没有标准答案，只是让我们在进入这个严肃话题前，先有一个平静、客观的心态。

在亲密关系中，婚姻就是由两条枕木铺设而成的轨道，婚姻的列车理应沿着轨道平稳向前。当亲密伴侣中的一方或者双方因为某些原因，向外寻求第三方来满足自身情感和性的需求时，人们往往就把这种行为称为"出轨"。但这个"轨道"由谁来定义，或是否有定义呢？所谓的"越出轨道"又由哪些行为触发呢？

面对出轨，男性走肾，女性走心？

常常有人说，在出轨这件事上，男性往往走肾，女性往往走心，所以男性更多是肉体出轨，而女性通常是精神出轨。事实确实如此吗？其实男女都一样，男生并不仅仅是"下半身动物"，女生也不一定只追求单方面的精神愉悦和慰藉。

假如一位男性已经有一个漂亮的女朋友，但是他又情不自禁地对其他女生表示赏识，我们并不能把这种行为界定成精神出轨，这仅仅是一种审美上的表达。爱美之心人皆有之，尽管身边已经有很好的恋人，但在面对美好事物时大脑会分泌多巴胺，产生快乐愉悦的感觉。所以我们在看到美好的人时自然而然产生的愉悦和赞叹，和精神出轨并没有多大关联。如果单纯因此而被上纲上线地指责成精神出轨，很容易影响到亲密关系，甚至导致关系僵化甚至破裂。

真正的精神出轨是"我"虽然得不到这个人，但"我"会在脑海

中得到他／她，甚至脑补与他／她发生关系，并沉迷于这种意识，乐此不疲，从而严重影响了"我"正常的亲密关系。例如，一个男生在现实中对一个女生爱而不得，或者仅仅是想象一个根本不存在的人，但他却脑补了对女生追求、得到和发生关系的整体剧情，沉迷于此而不自知。这种思想导致他对现实中的伴侣非常漠视且充满敌意，严重影响了彼此的正常关系。这才是精神出轨。

肉体出轨相较于精神出轨的界定相对直接，但不同的人对此有着截然不同的理解。对于一些人而言，性和爱是两个相互独立的蛋糕，可以完全分离，不能混为一谈，有感情的性固然锦上添花，但纯粹有性无爱也未尝不可；而有的人则认为两者无法割裂分离，性与爱并存，灵与肉共生。

例如男生对女生承诺"我只爱你一个"，但他又会跟其他女生发生亲密关系，从男生的角度看，发生关系不代表两人有感情，在感情上他依然只忠于伴侣，所以他觉得自己并没有出轨。但从女生的角度来说，只要男生和其他女生发生关系，就代表对我和这段感情的背叛与不忠。

在亲密关系中，"出轨"的界定和具体的触发行为都基于彼此事前的承诺和约定，双方需要在一开始就约定、知晓和确认彼此在关系中是否具有唯一性。假如之前彼此有过约定，那么男生所说的"只爱你一个"就包括在性关系中伴侣的唯一性，而与其他女生发生关系显然就违背了承诺和约定，无疑属于出轨行为。但如果两人从未谈论和约定过，那对出轨的指责就有可能不被对方接受。

理所当然地认为对方对自己必须忠诚本来就是一个伪命题，这种说法可能有点伤人，但事实确实如此，这也给我们一对一的关系带来新的思考视角。

无蜜不招彩蝶蜂，苍蝇不叮无缝蛋

原本憧憬的海誓山盟、天荒地老的感情突然多了第三者，所谓的"平地跳雪山，晴空下霹雳"大抵如此。即使这段感情可能原本已经阴雨绵绵，可终究也抵不住最后这雷光电闪般的灵魂暴击。

只是，最后的灵魂暴击绝对不可能凭空而来，当两个人的关系极度亲密时，是容不下其他外来元素介入的。没有一段关系可以铜墙铁壁、滴水不漏，精神或肉体出轨说明伴侣间的亲密关系长期出现间隙，外力自然而然就会通过间隙介入两人之间。当一方不能给予另一方满足感，那么在适当的客观条件下，出轨之草就有了生长的机会。

敏芝和男友拍拖五年，彼此都是对方的初恋，早已安稳度过了个性磨合阶段，两个人的日子过得波澜不惊。在外人看来，二人郎才女貌，恩爱有加，从来没有见过他们红脸吵过架。只有敏芝知道这段感情平稳有余，惊喜不足。双方的父母已经多次催婚，但敏芝总以工作太忙敷衍了事，男友对敏芝言听计从，听之任之。

前段时间，敏芝收到猎头的邀请，准备跳槽到新的公司担任要职。由于和原公司以及猎头的关系都不错，敏芝准备先在原公司待上两个月，完成交接任务后再到新公司上班。接替敏芝岗位的是一名新来的男同事俊杰。俊杰其貌不扬，但工作能力极强，稳重靠谱，原本预计需要两个月的交接工作只用了一个月就完成了。

工作之余二人也时常有交集，一个月接触下来，敏芝慢慢发现俊杰虽然不够高、不够帅，不是自己心目中理想对象的类型，但对他却时有怦然心动的感觉，就算中午边谈工作边吃饭，或是午后大家一起喝咖啡，自己都会有意无意地感受到一种被呵护、被关爱的朦胧情愫，这让她重新有了初恋时那种酸酸甜甜的感觉。

进入新公司后，敏芝和俊杰依旧保持着联系。她内心觉得很对不起男友，男友除了比较木讷、不善言辞外，其他都很好，但她又无法割舍和俊杰在一起时的欢欣和愉悦，尽管他们两人都很清楚彼此只是一时兴致，并不需要互相承诺将来。按她的话来说，"之所以去找寻另一双含情脉脉的眼睛，并不是出于对自己伴侣的厌恶，而是在寡淡的生活当中重新找到被呵护和珍视的感觉"。

出轨可能源自我们不自知的自卑或自恋。自卑的人缺乏安全感，觉得自己配不上一份恒久的爱，担心对方终究会离开，所以不停地寻找备胎，持续不断地确认自己尚有吸引力。自恋的人需要持续获得极高的关注，如果固定伴侣无法满足其全部需求，就会再寻觅新的对象来证明自己的重要性，尽管他并不是真的被出轨对象所吸引。出轨或许是对目前的亲密关系感到不满意，但又无力解决所存在的问题，进而可能会采用的一种手段。

当出轨的问题出现时，我们要思考彼此之间到底存在怎样的间隙。如果仅仅因感情走到疲惫阶段，但又不肯花时间深入经营彼此的关系，反而向外寻找刺激，用出轨作为激起火花的捷径，那这就是一种互相伤害的模式。或许有人会说，出轨只是一时兴致，很快就能拨乱反正、重回正轨。但这种言归于好只是表面的，彼此之间的间隙不但没有消失，还可能因曾经的出轨而愈来愈大。这时候，自省同样重要，但千万不要把所有的过失和责任都揽到自己身上。

倘若双方都无法控制情绪冷静思考，那不妨寻求第三方的帮助，如向婚姻辅导师或者家庭治疗师咨询，从中立的角度客观地看待和观察两人各自扮演的角色，以及曾经潜藏在心底却日渐浮出水面的问题。

24 / 面对有外遇的另一半，
爱情学分重修不易

在哺乳动物中，仅有3%—5%的物种维持着一夫一妻制，人类便是其中之一。但即使从人类的演进史来看，同时拥有多个性伙伴的时间远比一夫一妻制的婚姻要久远得多。在互联网时代，人们出轨的渠道和机会也越趋多元，繁衍后代也不再是性主要且唯一的目的。

在很多出轨事件中，女性当事人往往会说，如果伴侣的外遇对象比自己年轻貌美能干，她对出轨行为就相对比较容易接受，但是如果对方条件处处不如自己，她就会对另一半的出轨百思不得其解。

如今，出轨和性之间的关联越来越少，出轨更多是在折射我们心理性的诉求，或许是渴望被对方关注时含情脉脉的目光，或许是怀念那种热恋时每时每刻都被对方需要的感觉，抑或是身处谷底逆境时渴望重拾信心、再振雄风……出轨越来越像是一种手段，用来解决其他问题和需求。

两个人能从陌生到相识、相爱，最终步入婚姻，彼此一定有着互相吸引的闪光点。当我们发现其中一方被其他人吸引时，我们就会开始思考，我对他/她不再具有吸引力了吗？我们之间的问题究竟出在哪里？当你客观地看待出轨事件时，你会发现很多曾被忽视或者不以为意的问题。

被出轨者，重新审视两性关系

跟大多前来咨询室哭诉伴侣有外遇的咨询者不同，尽管先生的出轨让马媛悲痛欲绝，但她却表现出异乎常人的冷静、克制和得体。马媛是一家跨国企业的财务负责人，先生则是一所本土上市公司的总裁，而先生出轨的对象是他在工作上的合作伙伴 C 小姐。

马媛发现先生出轨已经有两三年了，本来她想先生身处的地位难免招惹蜂蝶，但只要先生事后能回家，她就能容忍先生一时的意乱情迷。但近段时间 C 小姐经常在她面前耀武扬威，她知道自己已经很难忍受下去，所以前来求助辅导师这段婚姻该何去何从，是麻醉自己继续隐忍，当作从未发生，还是应该义无反顾地摊牌离婚。

在咨询室里，马媛表示如今自己进退两难，她还深爱着先生，觉得先生也仍爱着她。这些年，每到重要的日子，例如春节、结婚纪念日，或是自己和家人的生日时，先生必然都会陪伴着她和孩子度过，每次都会精心准备好礼物，一次不落；每年两人还会单独约会旅行。"正是因为觉得他还爱着我，我才能忍受 C 小姐这么多年，只是现在 C 小姐越来越过分，明目张胆地挑衅主权"，马媛认为自己的容忍导致对方得寸进尺。

马媛坦承，自己完全没有就这件事和先生沟通过，尽管彼此心照不宣，但始终没有捅破那层窗户纸。她害怕事情戳破后两个人都尴尬，但她也没有办法再装作若无其事。这些年，尽管 C 小姐步步逼近，哪怕登门拜访，她也尽量把对方当成先生的朋友和红颜知己，以礼相待。她不知道事情戳穿后先生的感情天秤将倾向何方，唯恐两人的关系因此而无法弥补。

"或许，我就是那只感情的鸵鸟吧，把头深埋地下，当这件事从未发生过！"言语间，马媛对自己的行为满怀鄙视，但又无可奈何。

原本属于两个人的空间硬生生地挤进了第三者，肯定拥挤。在亲密关系中，我们都会面临一个假象——以为我和伴侣的关系是唯一和安全的。正如前面所说，如果彼此没有约定，当出轨的土壤和时机形成，无论男性还是女性，任何人都有可能结交另外的人。

当面对另一半出轨时，很多人都会经历相似的心路历程：第一反应肯定是震惊，不管是旁人告诉我们的，还是我们自己发现的，总会伴随着晴天霹雳般的震惊；之后潜意识会让我们去否认这件事，告诉自己这不是真的，仅仅是旁人的故事而已，我们不会成为故事里的主角。

这种否认让我们慢慢退缩，有时候甚至退到视而不见的地步。但当我们真正反应过来时，会感到悲痛欲绝。每个人都如此，不会因为你的身份、地位、学识而有分别，只是每一阶段的时间长短和深度不同而已。马媛正处于这样一个退缩的阶段，任凭内心疾风骤雨，依然忍而不发，维持着目前平衡的关系，享受平静的生活，觉得总比在不断吵架、挣扎、挽回中度日要好。

与此同时，被出轨者原本从亲密关系中获取的安全感很容易荡然无存，开始用全新和多疑的目光审视两性关系，无法自控地反复回想被出轨的事实。这是遇挫后常见的心理机制，这个过程很容易让人陷入自我折磨甚至抑郁。

一段关系里，如果没有轨道，就不存在"出轨"。因此，如何在两个人中设立轨道至关重要。

面对出轨，没有人能独善其身

　　第二次见面，马媛应我的要求，邀请先生一同前来。但谈话是从孩子切入的，皆因孩子的成绩近半年来急速下滑，过往的活泼好动也被沉默寡言所取代。现在孩子正处于小升初的关键阶段，夫妻俩希望弄清楚彼此的关系是否会影响孩子的学业。在咨询室里，两人很具体、详细地分析了这大半年来孩子的反常行为。他们在孩子面前依然很恩爱，全家人也像以往一样定期旅行，他们想不出究竟是哪个环节出现问题而导致孩子发生巨变。

　　我：这大半年里，家里有没有特别的事情发生？

　　先生：应该没有吧。

　　太太：我记得有一次全家出去旅行的时候，先生背着我们打电话，可能儿子看到爸爸打电话的神情有点异常，所以会有一些反应。

　　先生：我想起来了，那次是我的一个女性朋友给我打电话，我有点忘乎所以，聊的时间比较长，可能因此忽略了孩子。事后孩子问我在跟谁聊天，我告诉他是一位阿姨。现在回想起来，那时候孩子就嘟起嘴，表现出不高兴，之后也没怎么看过他开怀大笑了。

　　亲密关系中的出轨，损害的不只是伴侣双方，更会对家庭成员产生不良影响，尤其是孩子。孩子是很敏感且极富观察力的，尽管大人们努力营造出一片阳光明媚的景象，但孩子依然能发现背后的乌云密布。他们会从旁边观察，一些大人不在意的细微行为都会被孩子感知到。

　　正如案例中马媛的孩子，他虽然并不知道发生了什么事，但能切切实实地感受到家里有了某种变化，爸爸妈妈给他的感觉已经和以往截然不同。对此，孩子会感到非常困惑，而这种困惑会带走孩子自身的安全感，他就会把原本应该放在学习上的精力转移到重新获取安全感上，学习成绩自然会断崖式下降。

更有甚者，孩子还会被动卷入家长间的斗争，成为父母争夺的对象而被迫站队。充当"夹心饼"的孩子往往因为不知道如何站队而焦虑不已。有些心思细腻的孩子还会把父母的争执归咎到自己身上，认为自己要为家庭稳定负责，充当父母关系的修补者。在马媛的案例中，幸运的是马媛和先生的状况距离剑拔弩张还很远，而且他们很及时地观察到孩子情绪的变化，第一时间寻求了帮助和指引。

其后，我请马媛先回避，单独和她先生进行了一个很短的会谈。

我：尽管你很努力地维系家庭的良好状态，但在孩子眼中，他看到的是一个原本风平浪静的家庭出现了波澜，他会觉得自己有责任去平复和处理波澜。那你会怎样做，才能保持家庭的平静和谐呢？

先生：坦白说，除了马媛外，我还爱着另外一个女性，她是我的工作伙伴，和我一起度过了公司的艰难时期。当然我也很爱我的太太，我承诺过要一生一世和她在一起，我从来没有想过离婚，如果辜负了她我会一辈子瞧不起自己。我觉得自己不是个好人，太太对我这么好，我还在外面招惹其他人。但C小姐的果敢干练、在商场上与我的相互扶持，确实是太太从未给过我的。

我：两位女士在你心中比重如何？

先生：五十五十吧，太太是我生命中不可或缺的一部分，但是C小姐对我的工作和未来也很重要，缺了谁都不能让我的生命完整。

我：那太太知道这件事吗？

先生：我觉得她应该是知道的，但我很欣赏她多年来依然能够保持静默和包容。

我：那你未来打算怎么做呢？太太深爱先生，所以她能包容先生，接受先生所爱的人，但现在被孩子觉察了，影响了他正常的生活和学业。你打算怎样处理这种三角关系？是开诚布公，还是继续隐晦进行呢？

先生：这就是我痛苦的地方，也是我前来见辅导师的原因。

我给先生留了重要的功课，就是思考在这段三人关系里，鱼和熊掌要怎样取舍。

在亲密关系中，出轨在暴露之前其实就已经给伴侣带来了负面影响和伤害。我们的很多人生决定和选择都建立在对方忠诚的基础上，我们以为同床共眠的人依旧是"山无棱，天地合，乃敢与君绝"的坚实臂弯，在不知情的前提下妥协和让步，或多或少让渡了自己应有的权利。

而出轨者自身也很容易受到负面影响，对原本的自我认知产生怀疑。案例中马媛的先生是上市公司的老总，事业有成、严于律己、娇妻美眷、父慈子孝，是世俗眼光中的人生赢家。但因为背叛了深爱自己的太太，现实和原本的自我认知产生了巨大落差，因此充满内疚和罪恶感，认为自己不再是人前光鲜的"好人"，内心备受拷问和折磨。同时，左右兼顾、努力隐藏出轨的蛛丝马迹的生活也并不容易，随之而来的焦虑感也给出轨者自身带来了沉重的压力。

坦诚交流，以真诚交换真诚

第三次的见面约在一个月后，马媛一家三口一同前来。在这个月里，孩子的学习成绩明显回升，在学校和老师同学的相处也恢复了往日活泼热情的状态。孩子很直率地告诉我，前阵子成绩下滑是因为自己心情不好，近段时间心情不错，成绩自然而然就上去了。

谈到孩子的前后变化，马媛和先生都不约而同地用了"神奇"二字形容。他们固然对孩子状态的回升欣喜若狂，但同样对背后的原因充满疑惑和好奇。在过去一个月里，先生经过深思熟虑后，决定主动跟马媛谈起他和C小姐的相处，感谢太太这些年的包容以及为维护家庭所做的一切，他跟太太强调自己绝对不会离婚，同时也不会减少对太太的爱。

先生坦白一切后，终于放下了心头大石。马媛也告诉了先生自己多年来的担忧和顾虑，坦承自己一直充当"感情的鸵鸟"，害怕一切明了之后破坏了两个人的关系。在听到先生表示绝不会因为这段婚外恋曲改变彼此的关系时，马媛明显得到了释怀，与先生相处较以前更自然。就这样，夫妻二人并没有察觉家里的氛围悄然发生了变化，但这一切却被孩子默默感受着，他也慢慢找回了安全感。

当出轨在婚恋关系中发生后，我们很自然地想让对方跟自己道歉，甚至让对方写悔过书、承诺书、保证书，但这样的行为毫无效果，甚至会引发更多问题。假如双方之前没有约定，就不存在悔改的问题，也不存在出问题后的保证和承诺。有一些道歉在亲密关系中不但不会帮助修复关系，反而会让关系的裂缝更大，甚至令浮在水面上的问题转而沉到水底，表面上看起来风平浪静，实则暗流涌动，令人防不胜防。

当出轨发生后，我们需要真诚交流，反思彼此的裂缝出在哪里，积极直面真相，打开心扉，倾听彼此的意见，探讨问题、责任以及这段关系该何去何从，是各奔东西，还是修复关系、携手向前。**如果我们希望彼此能继续走下去，就要避免问那些只会让自己痛苦，又对关系毫无帮助的问题。**

只有真诚才能换来真诚，即便是面对出轨。

在这个阶段，我们可能还会回顾出轨一方此前为隐瞒所说的谎言。有时候，谎言也意味着出轨方依然看重这段关系，所以才会对自己的行为进行包装和掩饰；相反，如果他不想继续这段关系了，他会坦承想要离开，到另外一个人家里，而不是大费周章地编造故事。

关系修补，接纳原本不能接纳的

第四次见面发生在三个月后，先生独自前来完成我给他留下的功课。这几个月里，马媛辞掉原来的工作，去到了先生的公司，协助他完成财务上的工作；而先生则把公司的股份抽出相应比例赠予 C 小姐，让她独立去创业，马媛也通过自身的人脉给 C 小姐带来了好几笔生意。C 小姐很清楚自己已经很难再介入马媛夫妻之间，与其盲目纠缠造成三个人的痛苦，不如潇洒退场，还能保持朋友关系。

事前，马媛曾邀请 C 小姐私下见面，她很感谢 C 小姐多年来为先生和公司所做的一切，坦陈如果单凭先生一个人，公司断然不能经营到如此规模。也正因如此，她能接受先生和 C 小姐这几年来的彼此陪伴。

故事的最后，两人处理好了这段曾经带来无数困扰的"三角关系"，每个人都得到了不错的结局：马媛的开明和宽宏帮助自己大方得体地捍卫了婚姻；先生也因此得以"快刀砍乱麻"，回归家庭；C小姐明白了自己的最终归宿并不在此；孩子也明白了家庭出现问题是可以解决的。

当婚姻遭遇出轨时，怎样让风雨飘摇的家庭重新安稳下来呢？**很关键的一点是避免用敌对的态度去面对彼此。**很多人会认为出轨事件会令亲密关系伤痕累累，但其实不尽然。亲密关系能否继续和如何继续，是由当事人双方决定的，和第三者基本无关。马媛和先生的结局，也只能由他们两人来决定。

正如前文所说，当两个人的关系出现裂缝时，出轨往往是为了弥补不满足感，仅仅是一种转移或逃避。

面对出轨，假如我们依然希望维系这段感情，我们就要思考自己能做些什么，而不是单纯因为对方的出轨或变心而把自己该负的责任推得一干二净。如果你真的爱对方，就尝试接纳对方那些你原本不能接纳的行为，当你这样做时，你可能会发觉对方从远离状态回到了你身边。

如果深思熟虑之后，还是觉得应该为感情设置"止损点"，那么自省、反思、复盘和认清自己的责任所在，也是告别情伤和自我疗愈的有效方法。

很多人面对狗血的经历，都会用"包容"这个词来催眠自己，而事实上谁又能真正去"包容"呢？

所谓包容是指你能容纳对方的所有，包括好坏、是非、对错。如果你真能"包容"，你就不会感到特别痛苦。

亲密关系需要多接纳，既接纳自己，又接纳对方，才能爱恒久、情深远。

直面真相，走出阴霾，重拾幸福

当怨恨在爱情或婚姻中出现后，多数人会选择积极面对真相，耐心疗愈。在这一篇章里，我们尝试确定爱和自由的合理边界，理解归属感对情感支持的重要性，探讨张弛有度、让彼此舒适自如的交流方法，了解同频共振的灵欲交汇对亲密关系的维系作用。

当我们明晰这一切后，我们就能清晰地看到日后的路该何去何从。婚姻不易，是继续执子之手、与子偕老，还是洒脱放手，主动权始终在你手中。

25 收放自如，
平衡爱与自由的"跷跷板"

在伴侣关系里，爱和自由代表着一种吸引与依附的状态。问一问、想一想，自己在亲密关系当中，对爱和自由有怎样的期待和理解。

或许我们可以先从一位先生的角度来举个例子。

1. 在亲密关系里，我需要什么自由？（例：我想周末跟朋友出去喝喝酒。）

2. 我允许另一半有怎样的自由？（例：太太不用经常陪着我，平常可以多跟闺蜜出去旅行、逛街、去美容院。）

3. 在亲密关系里，我需要怎样的爱？（例：我是太太唯一的男性。）

4. 在亲密关系里，我可以给予另一半怎样的爱？（例：我会努力赚钱，让太太经济无忧，平常多陪太太旅行。）

5. 给另一半准备一份"礼物"，再告诉他/她。你会准备什么？
   （例：为对方计划一趟欧洲旅行。）

6. 求证：你给予对方的"礼物"是他/她需要的吗？这份"礼物"会不会给他/她带来负担？（例：先生兴冲冲地为太太准备了一趟7天的欧洲之旅，而实际上太太觉得7天时间太短，只能走马观花，又花钱又累，还不如在家附近逛逛街、吃美食更划算。）

7. 如果"礼物"是对方需要的，你是不是感觉良好？（例：我为太太安排了家附近的出游、购物等计划，太太觉得我非常用心，也短暂疏解了工作的压力，这时我感到很开心。）

接下来，请写下你心中的答案。

1. 在亲密关系里，我需要什么自由？

_____

2. 我允许另一半有怎样的自由？

_____

3. 在亲密关系里，我需要怎样的爱？

_____

4. 在亲密关系里，我可以给予另一半怎样的爱？

_____

5. 给另一半准备一份"礼物"，再告诉他/她，你会准备什么？

_____

6. 求证：你给予对方的"礼物"是他/她需要的吗？这份"礼物"会不会给他/她带来负担？

_____

7. 如果"礼物"是对方需要的，你是不是感觉良好？

_____

恋爱脑不可取，理性识别 PUA

前段时间的一部家庭伦理剧中，一对主角让不少人找到了生活的共鸣。男生是一名律师，一表人才，家境优渥。他百般套路、处处迎合女生，甚至处心积虑地制造各种各样的"巧合"。在男生的"温柔"攻势下，"恋爱脑"的女生毫无还手之力，两人火速闪婚。

然而，爱似乎只停留在表面。当女生外出拜访客户时，男生会无缘无故跟她起冲突，就只为让她放弃工作，回家"相夫教子"；不允许女生和异性有任何亲昵行为，有血缘关系的也不可以，看到女生和男闺蜜一起合照，就会直接把她锁在家里不让出门；当女生反抗时，男生甚至对她进行打骂和威胁，强迫她吃药，致其怀孕……

这一切，在刚开始时对于女生而言都是爱的表现，男生只是"太爱、太在乎自己"，她以为盲从就是爱的付出。可她毫无底线地退让，让对方变本加厉，借"爱"之名实行 PUA 式的精神打压，无下限地贬低她的自我价值，阻绝她的社交活动。

艺术源于生活，所有的影视故事都能在现实中找到原型。前两年，北大才女遭男友 PUA，为了证明爱而用自杀"谢罪"的新闻席卷全网。谁也想不明白，这位性格温柔开朗、个性独立坚强的北大高材生怎么会在恋爱后完全失去理智，在对方的各种精神控制和打压下，逐渐陷入自我怀疑和扭曲的深渊中。

PUA（Pick-up Artist）①一开始专为腼腆内向男孩设立，是

---

① 此词原意是指"搭讪艺术家"，原本指男性接受过系统化学习、实践，并不断更新提升、自我完善情商的行为，后来泛指很会吸引异性、让异性着迷的人及其相关行为。——编者注

教他们追求心上人的社交心理学技巧。近些年，PUA 逐渐被"污名化"，成为控制他人精神的手段，经常发生在伴侣、家人、朋友、职场上下级之间，心理学将其称为"煤气灯效应"。其实，在亲密关系中常常有 PUA 的情况发生，无论是自主或不自主，PUA 的核心都是侵犯边界。只要内心清晰，明确情感中爱和自由的边界，就能避免精神操控出现。

自由不是爱的障碍，两者共生共存

"自由度" 在亲密关系中是很重要的命题，往往很容易被上纲上线和"爱不爱"画等号。爱与自由，两者是怎样的关系？是此高彼低？还是非此即彼？

自由从来不是爱的障碍，爱和自由完全可以共存。所谓爱，可以是一种"掌控的爱"，也可以是"彼此交流的爱"。日常中，我们很容易以爱的名义剥夺对方的自由，干预对方的生活。正如上面互动练习里的那位先生，兴冲冲地花了几万元给太太准备了"惊喜之旅"，殊不知太太觉得旅程太走马观花，又累又辛苦还得请假，白白花掉几天时间，还不如正常上班，周末去逛逛街。从这个角度看，双方需要搞明白在亲密关系中各自的核心需求是什么。

在伴侣关系中，应该如何平衡爱与自由呢？

当爱多自由少时，紧绷的关系会让至少一方感到窒息，造成亲密压抑。有一对亲密爱人，女友每天都会为男友准备好次日上班的通勤服饰，开始时男友觉得女友非常贴心，但时间一长，男友会觉得有点乏味。有时女友的搭配没能应不同的工作场合而做出调整，但对此提出意见会惹女友不快，男友觉得自己逐渐丧失了"穿衣自由"。这就是典型的爱多自由少的例子；一方面，女友觉得自己很委屈，尽心准备好服饰，但男友并不领情；另一方面，男友也会觉得女友在进行道德绑架，自己连"穿衣自由"都不能捍卫，更不用说拥有生活中其他方面的主动权了。

当爱少自由多时，伴侣关系容易处于一种放养式的疏离状态，流于表面接触并趋向远离。一方感觉被日渐忽略，随着这种感觉越来越浓，假设性问题也会越来越多。在亲密关系中，专一不代表需要完全牺牲自我空间，自由也不代表不闻不问、各自欢喜。正如太太换了一个新发型，先生居然完全没有察觉；先生经常和朋友喝酒到半夜才回家，太太也无所谓、不在乎。两个人之间不再关注对方，进入视而不见的相处状态。

爱和自由之间的平衡，究竟该如何把握，才能让彼此的关系处于一种流畅的状态呢？答案就是，**有多少爱，就要给予等量的自由，这才能结成伴侣间最牢固的关系网**。真正的爱，需要"牺牲"一些自认为很重要的东西才能显现。如果某种自由只是针对其中一方，并不能增加彼此的共同利益，那样的自由就是一种伤害；反之，能使彼此利益共同增长的才是真爱。**放弃的自由并非徒劳，而是转化成其他形式的爱，从而得到更多的爱。**

Peter 和 Mary 结婚五年，有一个两岁的女儿。Peter 为外资企业高管，工作日经常加班，在家时间甚少，对于女儿的教育和家庭事务的参与度也较少。Mary 为全职主妇，大部分时间都用在了照顾家庭和女儿上，缺乏个人社交和活动时间。

在这个案例里，一方面，Mary 因为丈夫长期不在家，需要自己独立负担家庭事务和孩子教育问题而身心俱疲，严重缺乏个人自由；另一方面，Peter 也要负担庞大家庭的经济支出，虽然很想改变长期不能在家陪伴家人的现状，但缺乏随意转换工作、选择工作时间的自由。夫妇二人很想改变现状，不想因为生活琐事争执不休，破坏彼此间的亲密和信任。

想破局，双方必须都能为彼此做出牺牲。例如，Mary 一周能有六天全力处理好家庭事务，最后一天则列为"家庭日"，不因家庭杂事或照顾小孩而忽视先生，把关注重点放到先生身上；Peter 也在繁忙工作的情况下，每周抽出与太太共度、不被工作打扰的"家庭日"时间，全身心关注太太。同时，Peter 也需要尽量为太太争取到让她获取知识更新的时间和机会，以此获得家庭前进的动力，并为彼此的关系注入新的吸引力。

真正的爱是需要"牺牲"的，亲密关系中必然会舍弃一部分的空间和自由。而那些认为在爱中两个人必须像连体婴一样，甚至脱离原本社交圈的人，更容易在爱情中举步维艰。正如前文所说，两个人的相处既要有共性，也要有各自的独立空间。

爱和自由是一种共生的关系，过于松弛或者过于紧绷只会让爱情的小船说翻就翻。愿意为对方"牺牲"或让渡自己的部分自由，同时充分尊重对方的自由，不让"掌控的爱"成为束缚彼此成长的障碍和桎梏，爱情的小船在面对风浪时才有底气和实力。

26 安全感＋归属感，是我们迎接挑战的堡垒

承接上一节爱和自由的讨论，我发现有一些情侣或夫妻前来寻求伴侣辅导时，都会不约而同提到一个问题：如何能保持爱和自由的天秤一直不失衡呢？当给对方"自由过了火"时，自己则不能从感情里获得安全感和归属感，他们对此感到困惑。

安全感是双方共建的

这次故事的主角是小梅和杰。小梅是一个独立有主见的女孩，打拼事业很勤奋，长得很漂亮，在认识杰前有过一段恋爱。前一段感情分手的原因是男生喜欢在外面拈花惹草，小梅觉得彼此三观不合，就断然转身离开。

分手后，小梅认识了杰。杰刚好在事业低谷期，小梅陪伴着他渡过了这个难关。可事业上的挫败让杰感觉自己配不上小梅，希望小梅能离开他，不想拖累对方。在你追我退间，小梅越发觉得自己离不开杰，但杰一直表示"我们不适合，分手吧"。可是杰越这样，女生就越觉得离不开对方，甚至搬到杰家里，照顾他的起居。

两人同居后，小梅发现杰有一些很怪异的行为，例如他用一只手抱着自己睡觉时，另一只手总会拿着手机，小梅无意看到屏幕时，他

就会马上把手机黑屏，矢口否认自己正在发信息跟别人聊天。

类似的情景隔三岔五就会上演。小梅怀疑杰背着自己跟其他女生暧昧，两人为了此事吵了无数次，三天一小吵，五天一大吵，吵到最后，杰都会说"那你走吧"。但是，每次都是女生回头，然后男生很冷漠地接纳。

女生原本是一个独立有主见的人，可是她在这段感情里完全丧失了自我，总因为没有安全感导致自己完全"低到尘埃里"，她很困惑这段感情应该如何走下去。在亲密关系中，两个人需要信任，那信任的基础建立在哪里呢？信任的基础必须建立在安全感之上，没有安全感，信任也不复存在。

很多人会说，安全感是自己给自己的，这是对的！当你是一个人的时候，安全感确实是自己给自己的。但是在"你中有我、我中有你"的亲密关系中，安全感就不单是自己给自己的，而是双方共建的。对方会给予你安全感，你也会给对方安全感，当彼此互建安全感后，才有信任可言。

在上述案例中，我们看到女生缺乏安全感是因为她不知道男生在做什么，男生也不愿意透露自己的行为。当我们愿意告诉另一方自己的行为，甚至邀请对方进入自己的圈子时，代表我们愿意将自己的世界袒露给对方。在这个过程中，我们会建立起信任，当我们的关系被足够的安全感和信任滋养时，我们自然就能走得更远、更稳。半年后，女生再次到访咨询室，她向我坦承两人已经分手，前来寻求科学疗伤的方法。

归属感，是我在你眼中找到自己

我们之前说过，给予对方多少爱，就应给予相应的自由，这其实说的是亲密关系中的归属感。热恋中的人恨不得每分每秒都在一起，可如果其中一方抱怨对方，"我真的没有时间，你太黏人了"，这段关系就从热恋状态走向下滑的拐点了吗？

显然，恋人双方或者至少一方已经不愿意过度地重叠，彼此之间已经产生了自由空间，但如果自由空间过大，两个人就很容易脱钩，这就是归属感的问题。归属感说的是我愿意有你在身边支持、陪伴，同时我能在你的眼中找到自己；我在你的国度里，可以卸下一切，自由自在地做自己。

"十五年了，我嫁了个寂寞！"

这是在咨询室里霍太太重复得最多的一句话。霍先生和霍太太结婚十五年，孩子已经上初中。在霍太太口中，霍先生在家里的行为总是非常奇怪，每逢有电话来，霍先生就会跑到阳台或者隔壁房间去接听，从来不会在太太面前聊电话。刚开始太太以为先生有公事在忙，就没有在意。但结婚十几年，情况并没有发生改变，久而久之，太太心里总觉得怪怪的。

有好几次霍太太偶尔听到先生的通话，发现他其实并不是在谈公事，只是有说有笑地随便闲聊。可是为什么每次打电话都要避开呢？让太太真正耿耿于怀的是他们住的房子是先生在婚前自己购买的，但婚后完全没有把妻子名字也加上的意思。在霍太太的认知里，霍先生的家人永远只包括霍先生的妈妈和弟弟，他并没有把自己当成家人，每次谈起房产证加名字这事，霍先生总是避而不谈，顾左右而言他，这让霍太太完全没有归属感。

霍先生也是一脸的委屈，经常在家办公的他总是家里——单位"两点一线"，自认为没有不良嗜好，更不会出去拈花惹草，他也很困惑太太为什么总是缺乏归属感。霍先生更大的困惑来自太太要在房产证上加名字的执念，难道她随时准备离婚分家产？

不知道霍先生有没有发现，虽然他自认为对太太完全坦诚，平常一下班就回家，既不会出去流连，也不会允许自己有婚外恋的情况。但是，先生每次接电话都要避开太太，他其实是不愿意在太太面前表达他的内心。

他始终觉得，自己的和太太身处两个世界，永远没有交集是最安全的，这里反映的就是归属感的问题。所以他多年来一直对房产证加名字这件事没有明确表态，有执念的可能恰恰是先生，是他对太太抱有防备之心。

所有的婚姻都建立在一种利益的价值上，归属感说的就是我们的关系建立在何种利益价值之上。如果一对伴侣，总觉得你是你、我是我，那他们就必然不能成为"利益共同体"，就算真爱无敌，婚姻也很难走得远。反之，如果彼此的共识是"你的一切是我的、我的一切也是你的"，两个人才能有一个长远的未来。

另外一方面，我也跟霍太太指出，两个人在结婚之初是否就房产的归属达成了共识？如果她当时结婚的目的只是"图这个人"，并没有财产上的想法，那她就已经完成这个念想了。在婚后的漫长岁月里，房产是她原本设想范围以外的"附加项"，而她如果揪着这个不放，婚姻关系就很容易产生不信任，这样的婚姻自然不能给她带来安全感和归属感，甚至会成为她痛苦和纠结的根源。

我请霍太太回溯过去，理清自己结婚的意愿和企图。在婚姻中，只要肯满足彼此的意愿，双方就都不会受伤。霍太太与先生又怎么可能在相处了十五年后，为了房产证而耿耿于怀呢？

我们每个人都需要爱和被爱，需要从伴侣那里得到被接纳、被认可的安全感和归属感，它们是我们在婚姻路上迎难而上的勇气，是我们迎接挑战的坚固堡垒。

合宜的归属感是一种"狭义的依赖"，我们会吵架、赌气，当我们恢复理性，重视、理解彼此的观点，愿意相互接纳和拥抱的时候，就达成了伴侣之间的归属感：我愿意去理解差异，修正自己不合宜的行为。在未来，我们确信彼此能守护和陪伴，我也依然能独自起舞，不至于迷失自我，这种彼此信赖有助于伴侣关系更加长久。**正如钱钟书先生所说：最好的生活状态是，一个人时，安静而丰盛；两个人时，温暖而踏实。**

同时，我们也要警惕不合时宜的依赖，这种依赖并不能带来真正的归属感，反而很容易使人窒息，产生想要逃离的想法。此前有一对来咨询的老夫妻的案例很有趣，就因为先生在结婚前说了一句"一辈子给太太做饭"，这位好好先生便坚持给太太做了二十年饭，即使需要加班，也会中途回家做饭。太太是一位全职妈妈，但从来视厨房为"禁地"，不肯涉足半步。

有一天，先生终于忍受不住，建议太太尝试自己做饭或者请个保姆负责做饭，而太太认为先生许下了"一辈子给她做饭"的承诺，不能随意反悔。两个人因为这件事反复吵了很多次，最终先生无法再忍受太太的依赖，停止了给太太做饭这件事。而太太依然活得有滋有味，不是约闺蜜去外面吃，就是点外卖。

最终，他们在儿子读大三的时候就离婚了。儿子对父母离婚的态度则是倾向于支持爸爸。很多时候，不合宜的依赖会成为婚姻的致命伤害。

27 沟通 VS 交流：
亲密关系里爱的回旋镖

案例1

  静洁结束了夜班回到家，先生李岩正窝在沙发里专心致志地看欧洲杯，对太太充耳不闻。晚上开会前只吃了面包的静洁想做点夜宵，她顺便问先生要不要也给他做一点，李岩随口回答了一句"随便"后，又继续全身心投入到屏幕里的绿茵场中。静洁做好夜宵后喊先生过来吃，结果过了二十分钟，她回复完全部工作短信后，三催四请，李岩依旧岿然不动，仿佛他就是球场的主宰。

  "你究竟吃不吃呢？"静洁开始不耐烦。

  "很快，马上就要终场了，你饿就先吃吧！"李岩依旧全情投入球赛中，丝毫没有留意太太的情绪已然不对劲。

  "如果让我自己吃，那我还不如直接在外面吃了再回家！以后我们各走各路吧！"静洁的"小宇宙"终于爆发，便回到房间，关上房门，在餐桌上留下两碗面。

  半小时后，球赛结束。回过神来的李岩看到凉掉的面条，才去敲门细问太太为什么没吃。依然在气头上的静洁闭门不出，气冲冲对着门外吼了一句"不吃了"。懵然不知太太为何生气的李岩悻悻地说了一句"又在发小姐脾气"，之后默默地把两碗已经彻底凉掉的面独力"干掉"。

案例2

孙璐和先生陈宇刚看完一部爱情文艺片，太太依旧红着眼沉浸在电影中回不过神。

"老公，你觉得这部电影的感人指数可以打几颗星？"

"三星吧，纯粹就是骗你们女性掉眼泪的！"

"什么骗女性的？你怎么那么冷漠，你这人太铁石心肠了！"

"这跟冷漠无关，电影是虚假的，是你们泪点太低，在我看来，根本没什么值得流泪的地方。"

"什么叫假？什么泪点太低？这都是真情流露，你真是一个不懂爱的人！是不是以后对我也要这么冷漠呢？"

"什么嘛，好端端在说电影，为什么要说到自己身上呢？"

"你总是这样，对我漠不关心，我就算现在死了，你也不会多看我一眼！"

"你究竟在说什么呢？不是在好好地讨论电影吗？"

"单纯谈论电影就可以看出你的人格，你就是这么薄情！我当初怎么会嫁给你这种人，真是脑子进水了……"

小两口本来开开心心挽着手出门看电影，结果却因为讨论电影吵得不可开交。孙璐觉得先生是"冷血动物"，薄情寡性；陈宇则觉得太太无中生有，小题大做。晚上各自洗漱完毕后，陈宇提出给太太煮一碗她最喜欢吃的芝麻汤圆。面对先生的主动"示好"，孙璐左右张望，故意不理睬。

"我们刚才只是在讨论电影而已，我一直很爱你，你觉得我冷漠也好、热情也罢，我的世界里只有你一个人。"陈宇一边做汤圆，一边继续跟太太求和。一席话，说得孙璐红了眼，先生的甜巳抵达心底。

如果你是上面两个案例中的女主，你觉得哪个是沟通、哪个是交流呢？请用笔画出让你觉得心里舒坦或者恼怒的情景。

人们往往会觉得，沟通和交流仅仅是说法不同，没有必要玩弄文字游戏，故弄玄虚成两种不同的状态。我们再来看一个例子。A 先生和 B 小姐是同一栋楼的邻居，上下班经常会在电梯或者花园里碰到，但两个人从来没有正式打过招呼，只是相互脸熟。有一天，A 先生第一次在路上跟 B 小姐说了一声"Hi"，接下来可能有两种场景发生。

场景 1：B 小姐对他的招呼不理不睬，充耳不闻；以后 A 先生若碰到 B 小姐就不再主动打招呼了。

场景 2：B 小姐热情地回了一句"Hi"，两人的话匣子就此打开，相互谈论了天气和路上的交通情况，下次碰面时彼此还会主动打招呼。

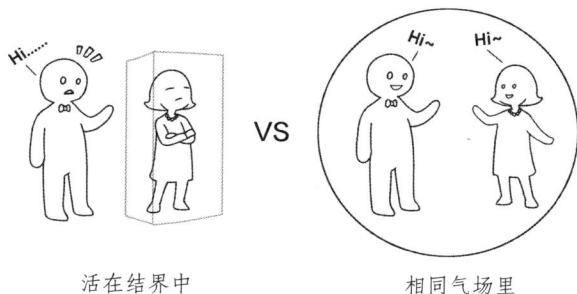

活在结界中　　　　　　　　相同气场里

场景 1 我们称为"沟通"，当 A 先生跟 B 小姐打招呼后，并没有等来 B 小姐的回复，或许 B 小姐根本没有在意，她最多就是用余光看一眼 A 先生，或者努努嘴，而 A 先生并不知道 B 小姐是在回应自己，还以为仅仅只是毫无关联的脸部微表情。于是，再聊下去就很尴尬了，他们的关系就止步于这句没有得到回应的"Hi"。场景 2 我们可以称为"交流",从一句"Hi"的回应开始,两个人的关系从陌生进入相识、了解的阶段。

在亲密关系中,我们究竟是选择沟通还是交流呢?

沟通可以分为单向、双向和多向。例如,我对着树洞或者布娃娃说秘密,对方并不需要回应,只是聆听就可以了,这属于单向沟通。双向沟通是双方都表达,但两个人可能是自说自话,牛头不对马嘴。沟通还可以一对多,例如一位老师在上课时面对全班同学滔滔不绝,或一名考官在面试时同时面对多名应聘者侃侃而谈。

如果我们在婚姻恋爱关系中选择了"沟通",那就会出现"我以为……"的沟通模式。对方可能会说,我用点头或者"嗯"做出了回应,只是你没有在意而已。这种未能实时、同频的"沟通"明显并不到位,很容易给亲密关系造成理解上的障碍。

小两口中的太太是一名护士,经常上夜班,先生则是标准的朝九晚六的上班族,两个人在家里的时间总是不同步。往往是太太晚上下班回来,先生已经呼呼大睡,第二天太太起床后,先生早已离去。太太自己做好了午饭,明知没有人回应,却也会对着客厅大喊一句"吃饭了"。当生活中的沟通总得不到回应,人会倍感孤独,关系也会失衡。

相反,"交流"说的是一方所说出的事,另一方是有明确回应的,双方是互动、平衡,并在同一个层面同频交往的。只有这样,亲密关系才能从陌生演进到相识、了解的阶段。正如上述场景中 A 先生问好,B 小姐也友好地回应一句"Hi",大家进而会了解彼此住在哪个楼层、去哪里上班等。在这一来一往的对答中,可以很清晰地看到他们聚焦在同一个问题上,而且对答中也包含了情感的表露。我认为你的"Hi"是一个善意的招呼，我会回馈一个善意的问候，这就是同频的交流。

在亲密关系中，没有人能定义你的婚姻或爱情是沟通好还是交流好。当你不需要对方过多的回应，主要是想倾诉时，你可以选择沟通。当你选择了交流的方式，你就很清楚你是需要对方有明确回应的。而对两者的选择权一直在你手上。

28 进退有度，方得始终：
爱情指针 45° 摇摆法

十年之后

我们是朋友

还可以问候

只是那种温柔

再也找不到拥抱的理由

情人最后难免沦为朋友

——陈奕迅《十年》

从交流变沟通，中间经历了什么

曾几何时，一句"情人最后难免沦为朋友"唱遍了大街小巷，道尽了男女情爱的人间沧桑。或许正如前文所说，"爱已经悄然消失"。一千零一种分手原因，我们能确知的，仅仅是曾经轰轰烈烈、海誓山盟的亲密爱人从无话不谈的交流逐渐变成自说自话的沟通，再到彼此的无言以对，温情不在。

我们来看看这当中究竟经历了什么。男生和女生从互相的一句"Hi"开始了从陌生到相识，继而相熟、相恋的过程，可某一天却发现彼此怎么都聊不到一起。

男生：昨晚那场欧洲杯超级好看、超级刺激……（此处省略眉飞色舞一万字）

女生：……（沉默以对，内心对白：踢足球这么野蛮的运动，为什么会有人喜欢？）

男生兴高采烈，犹如王牌讲解员附体，从双方的排兵布阵讲到现场表现再到两队过往交锋历史，如数家珍，可女生却毫无兴趣，一窍不通，内心觉得足球就是一群疯子一样的男子无聊地追着一个球在跑。她只好沉默而对，不知道应该如何回应。

在亲密关系中，如果一方的喜好并不合对方的口味，两个人就很容易离开相互交流的层面，变成自言自语的单向沟通。

在亲密关系中，如何打破从交流降维到沟通的局面？

当两个人从陌生到相识相知，再到确立关系，需要了解彼此的喜恶，了解彼此的相同和差异之处，求同存异。对于相同的喜好，双方都很愿意在这个领域上深入探究，这种情况下交流通常会相当顺畅。但假如一方喜欢的话题另一方并不喜欢，交流就一定会演变成沟通吗？答案是不一定。

其实，**我们只需要清楚地划清范围、建立界限，就能有效避免交流演变成沟通**。当彼此的喜好并不同频时有两个选择：第一个选择是我们愿意为了对方，去尝试之前并不感兴趣的领域，从而建立兴趣的交集。例如我喜欢看电影，但你喜欢看推理小说，那我们可以尝试一起看推理电影，分享、讨论电影当中的剧情和角色设置。尽管我们的喜好并不一致，但我们努力尝试建立交集，让交流得以延续。

第二个选择是清楚地告诉对方，我对这个话题毫无兴趣，你自己玩得开心就好。面对这个话题时，我们可以坦然规避、各自欢喜。这同样也算一种交流，因为我们都很清楚彼此个人世界的界限在哪里。正如你喜欢踢球，我喜欢看球，那你自己下场就好了，没有必要拉我一同下场，我在场边为你欢呼当啦啦队，彼此皆大欢喜。这同样也是一种交流。

怎样做会变成沟通呢？我根本不知道你是否喜欢，但我把我喜欢的强加于你，然后质问你为什么不给出回应，为什么不喜欢我爱的东西，你不是说爱我的全部吗？对方可能会回应，为什么你不知道我喜欢什么、不喜欢什么呢？你既然爱我，不是应该尊重我可以不喜欢你喜欢的东西吗！

45°钟摆式交流，让爱知进退

良好的交流是伴侣间理解、亲密和联结的关键，在亲密关系中必须要交流才能处理产生的冲突。正如前文所说，如果我们在交流状态上不得其法，就很容易导致亲密关系从交流变成沟通。而一旦进入沟通状态，很多问题就会不断涌现。怎样保持一个良好的交流模式呢？我们可以了解一下**45°钟摆式交流法**。

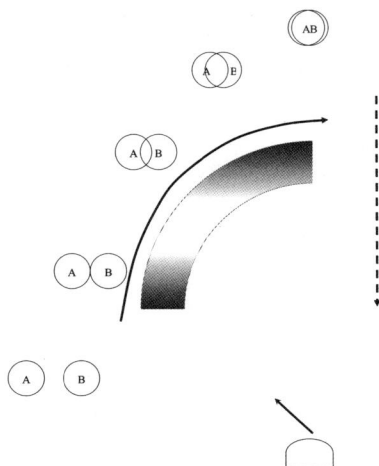

判定亲密程度的钟摆式指针

　　想象我们心中有一个钟摆式的指针，指针会根据亲密程度摆向不同的角度，分别指向亲密程度中的五个阶段。它可以提醒我们现在正处于一个怎样的相处状态，同时也能提醒迷茫中的情侣需要做怎样的调整以避免关系趋向恶化而不自知。

　　这幅图从左下到右上，共有两两相搭的五组圆圈，代表伴侣双方的亲密程度，类比第一篇章中"快乐交流的五个层次"的解读方法，圆圈从原本分离的左下第一组，到愈加紧密甚至高度重合的右上第五组，就呈现了亲密程度的五个阶段：

　　第一层：二人从一句"Hi"初识，简单聊聊天；

　　第二层：开启约会的旅程，发掘相近爱好，开始建立关系上的联结；

　　第三层：随着进一步交流和了解，共同的爱好让彼此增添了好感度，双方开始深入对方的生活；

第四层：感情高度融合的阶段，但双方依然保持着各自的独立空间；

第五层：全天候高度融合，彼此的交流和情感呈现白热化状态，感受到不能失去对方。

根据以上描述，45°钟摆式交流在亲密关系中具体要怎么体现呢？其实，最好的交流状态是以第四层为中心指针，以45°的范围左右拨动，最高指向第五层，最低指向第三层。

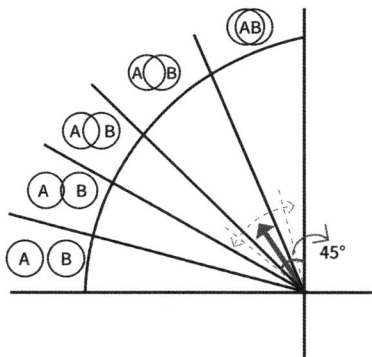

爱情指针 45° 摇摆法

回到刚才的案例，当高度融合的浪漫假期结束时，我们的关系往往有两种走向：其一是高度融合让我们更确定了想时刻在一起的心意，顺理成章地走入婚姻殿堂。如果彼此从连体婴的状态走出来，那就会回归到既相融也有各自独立空间的第四层。假如最近两人出差或者在忙重要的项目，见面减少、空间距离拉大，我们就会通过视频、电话等建立一个"见面机制"，保持交往，亲密度会回到第三层的状态。

以第四层为中心指针点，在第三和第五层之间拨动所呈现的45°角，就是我们建议的45°钟摆式交流法：既有高密度的融合，也有低密度的融合，但同时我们也建立好了相交和独立空间之间的界限，这就是最有效的交流方法。另外温馨提示一下，相识、恋爱和结婚只是不同亲密度叠加的综合表现，不能以此来定义两个人的亲密程度，毕竟结婚不代表不会同床异梦，一纸婚书也从来无法鉴定爱人的亲密属性。

29 性与爱的表达，
男女性爱观大不同

互动练习

对你来说，狭义的性和广义的性分别是怎样的？请写下你的想法。

男生	女生

人前人后，床内床外

很多人觉得性是一件不可谈的事情，其实，性是人类最本能、最欢愉的一种行为，让人有一种无上的快乐体验。因此，我们对性的疑问，其实并不在于性本身，而在于我们的意识。**我们的意识觉得什么是性，那性就是什么。**

如果你觉得性是不可接受、肮脏的，那性就是肮脏的。如果觉得性是妙不可言的，那你自然会"性"致盎然。因此，我们要摆正对性的观念。男性和女性看待性的角度相差甚远，甚至南辕北辙。很多人说，男性需要性，女性需要浪漫，确实如此吗？或者说两者的差异仅此而已吗？下面我们就一层层地进行分析。

在伴侣关系中，影响最大的因素并不是日常的柴米油盐，而是两个人的性连接。**性爱是亲密关系中激情的重要组成部分**。在床里，伴侣的关系和位置都会有微妙甚至截然不同的变化，这种变化可能会明显也可能不明显。在床外，我们可能会对某一些事情有不同的见解，从而引发激烈的讨论，甚至争执。而一旦到了床上，我们都在专注地做一件事：令彼此欢愉和满足。

有些女性在婚后一段时间会觉得郁闷，甚至很痛苦，是因为她们在性上没有感受到欢愉和满足，而纯粹是在走过场、交作业。一个本来能够让夫妻间感情升华的行为，却降级成一个痛苦，甚至是想要回避的行为，日积月累肯定会影响伴侣关系。大部分人并没有意识到这种差别，更没有意识到这种差别如此重要。而了解这种差异的重要性是我们关于"性"的必修课，也是我们在这个单元里要重点讲述的内容。

是不是只有性交才算是性关系呢？其实，性的面向有很多：充满爱意的眼神，暖心的拥抱，饱含激情的亲吻，甚至仅仅是一句安抚的话语或一个动作，都可以算作性。**性的表达，是让对方感受到你的关注和关爱**，所以我们通过性的方式，让对方知道我们在关注他们；而对方的回应，也让我们知道他们同样在关注我们。

因此，如果把"性"定义为狭隘的性交，那就走入了只关注人"动物性本能"的死胡同。但在人与人的情感交流中，除了动物性本能外，更多的是通过性的安抚和爱抚令彼此欢愉。

性爱误区，及时排雷

正如上文所说，大部分人会认为男性需要性，女性需要浪漫。在这种思维定式下，很容易衍生出两个认知误区：

1. 女性常常会误解性对男性的重要意义，并由此断定男性是肤浅的，只想要性爱。

2. 在男性想要性爱时，女性总说自己情绪上没准备好，男性就会产生误解，认为自己遭到了拒绝，其实他只是错判了女性对爱与浪漫的需求。

这些误区距离真相有多远呢？

男性与女性一样喜欢性。
男性先追求性，后才求爱。
性刺激包括美貌、身材等，还包括身体接触及语言方式。
男性通过性努力让女性得到欢愉和高潮，让女性感受性爱的滋润。
男性在性中越感受到快乐，就越容易爱上女性。

男性与女性一样喜欢性。
女性先追求爱，后才有性；暧昧或真实的情感以及良好愉悦的感觉能打开女性的性爱之门。
性刺激来自颜值和身体特定位置的接触。
女性对性的回应程度，让男性体会到自己被爱的程度。
女性越爱，性的宽度和尺度就越大。

感情和性，对于很多男性来说属于两个不同的蛋糕，可以相互独立；相对而言，女性的感情和性则属于一个蛋糕，灵欲分离对于女性来说难度系数相当高。因此，要首先明白男性和女性在性和爱上的认知差异，才能更好地了解两性关系。

性是分享，不是惩罚

在伴侣之间的冲突、争执、矛盾中，性充当一个怎样的角色？还记得我们前面所说的那对每次都吵得天昏地暗，可每次都无一例外地以一场比吵架更轰轰烈烈的性爱结束争吵的伴侣吗？

伟强是一名退役的专业划艇运动员，身材非常挺拔，肌肉曲线犹如古希腊雕塑一样优美。他的女朋友玉莹则属于小巧玲珑型，两人郎才女貌。每次走到街上，他们的"最萌身高差"都引来很高的回头率。

长期严苛的训练让伟强善用体能"说话"，口头表达欠佳。每次两人发生矛盾时，伟强总会被玉莹用语言碾压得"毫无还嘴之力"。别看玉莹外表纯洁得像人畜无害的"小白兔"，骨子里却是异常火爆的"小辣椒"，伟强笨拙的顶嘴能瞬间引爆玉莹的愤怒神经，两人会不自觉地从口角发展到打架。

由于力量相差过于悬殊，玉莹就变成了"青一块紫一块"的那位。很多朋友都劝玉莹分手，玉莹总是摇摇头，笑而不语，丝毫不被此前的争执矛盾所影响。奇怪的是，无论两人吵得如何山崩地裂，第二天两人出现在人前时，总好像没事发生一般恩爱如昔，但这样的岁月静好又会在下一次争吵到来时被打破。

磕磕碰碰间，虽然伟强和玉莹依旧隔三岔五上演激烈"武斗"，但并没有妨碍彼此携手走过十个年头。原来，这十年间，每一次冲突的最后，伟强都会凭借自己的身体优势，像"老鹰抓小鸡"一样把玉莹带到床上，用一场酣畅淋漓、比吵架更轰轰烈烈的床上运动抚慰彼此的身心。奇怪的是，每次性爱结束后，两个人会紧紧地相拥入眠，之前闹得再大、打得再厉害，但矛盾总是会在恩爱后消弭殆尽。

性，成了他们和好的灵药。

为什么性有如此强大的魔力，能让人甘愿相爱相杀、乐此不疲呢？在伴侣关系里，我们要意识到**性爱是女性引导男性爱自己的有效武器**。女性吵架的原因可能是感受不到对方的关注，或感觉对方的关注变少了；又可能是因为某些原因而希望得到对方的安抚，男性过于理性地讲大道理则会令她们很不开心。发生这样的矛盾和冲突后，女性往往会停止性的行为，把男性拒之门外，选择房门紧闭、各自修行，其实这种持续的冷战状态并不能使双方的矛盾得到缓解。相比女性先爱后性的特质，在冲突和冷战发生后，**男性会非常渴望通过性爱表达自己在关系中对对方的关注和重视，借此重温和分享爱情**。但往往因此，**女性会认为男性**仅仅是在通过身体"说话"，并**不在意彼此的情感沟通**。

因此，伴侣双方得有一个共识，即在发生冲突、矛盾后，性是伴侣之间的分享而非惩罚，任何情况下，性都不适合被用作惩罚彼此的方式，不然只会导致关系更加恶劣甚至失败。无论彼此处于怎样的矛盾或冲突中，只需要给对方一个短短的，例如三分钟的冷静期，然后下一分钟就彼此拥抱。人们常言"床头打架床尾和"，说的就是发生冲突时，重温亲密很重要，而性又是其中的关键，它在某种程度上可以让双方找回爱和被爱的感觉。

30

性爱相融，
反映情爱的浓度

对你来说，你认为男性性爱的目的是什么？请写下你的想法。

男生	女生

思考过后，让我们先看看这样一个案例。

皓文和琪琪外貌般配，在大学时代就确认了恋爱关系，毕业后两人怀着憧憬，顺理成章地步入了婚姻。如今结婚五年，两人都三十出头，各自有稳定的职业，有一个四岁的儿子，还计划购置两套房，是旁人眼中的模范夫妻。

但看上去风平浪静的幸福婚姻，其实却暗涌已久。婆媳关系、性生活问题、生活习惯差异、交流质量问题……终于一石激起千层浪，皓文要求协议离婚，他觉得日子过得没意思，不如尽早止损，趁年轻去重组新家庭，即使要放弃儿子的抚养权，儿子改跟女方姓他也愿意接受。琪琪多次想用孩子去维系婚姻，她觉得彼此仍有感情，认为现实的婚姻生活本就平淡如水。况且双方也没有第三者，离婚的成本太高，自己还带着儿子，如果再换一个，谁知道会不会更差。

五年来，皓文和琪琪有过几次大的争执，都与皓文的父母有关。争执中，皓文的父亲辱骂琪琪，皓文妈妈还动了手，琪琪最终报警处理，不让儿子认爷爷奶奶……琪琪觉得皓文是个妈宝男，自己则是经济独立的女性，有底气选择自己想要的生活。减少与先生父母的往来，小家庭还是可以幸福生活的。作为独生子的皓文觉得太太完全不能理解他对父母的照顾，而且过于强势，不懂生活，宁愿刷手机也不愿意做家务，也不喜欢带娃到外面玩，家里长期请保姆照料。皓文父母偶尔来帮忙，看到这些，就在无声中积累了很多不满。

事实上，在皓文看来，给婚姻致命一击的是双方婚前婚后性生活的强烈落差。婚前，两人的性生活非常和谐，张弛有度。可随着婚后琪琪很快怀上宝宝，五年来两人的性生活屈指可数。从琪琪的整个孕期到哺乳期，再到为了陪孩子两夫妻分房睡，琪琪总是不自觉地"制造"出无数拒绝性生活的理由。尤其是在琪琪成为妈妈后，不自觉地提高了对卫生的要求，过往一些让彼此性趣盎然的活动，反而成为她对皓文性生活不讲究卫生的指责。

五年来，双方为性事发生过很多次矛盾，往往都以琪琪的断然拒绝告终。一次次的拒绝让皓文非常受伤，无意间让他感到被妻子嫌弃，并产生了"心理阳痿"。而琪琪同样感到委屈万分，自己白天高强度上班，晚上带娃睡觉，先生不但不体贴自己，还总是"索求无度"，每次被自己拒绝后还总会显得如此生气，好像性才是他唯一重视的事情，她觉得先生单纯是为了发泄自己的欲望而"睡她"，并不是因为爱。

就这样，双方的隔阂越来越大。生活在同一屋檐下，夫妻间没有了身体与心灵的交流，爱意一天天流逝。当他们一同来到咨询室寻求帮助时，男方看不到女方不想离婚的诚意；女方也看不到自己迈出一步能否带来继续维系婚姻的曙光。这段婚姻将何去何从？

一般来说，大众对男性的性渴望会存在一些误解，觉得男性都是"下半身思考"的动物，他们在性需求被拒绝后所表现出来的沮丧和愤慨是因为他们无法发泄自己的欲望，而他们对性爱如此着迷，只是为了满足自身对女性的征服欲望和虚荣心。

其实，对处于稳定亲密关系中的男性而言，他们极度希望感受到自己被伴侣渴望。对于男性来说，性爱的目的有三个：首要也是最重要的一条，是**满足自己伴侣的性需求**；其次，是**通过性获得生理和心理的满足**；最后，是**清楚地表达自己的情意**。是不是有点颠覆之前的想象？原来所谓"下半身思考"的动物，其实有着他们特殊的"脆弱时刻"。

性是铠甲，也是软肋

从男性的角度来看，他们会认为深爱的女性既是他对抗全世界的铠甲，也是他甘愿为之低到尘埃里的软肋。这个比喻用在男性的性上，同样成立。当男性期望通过性爱取悦伴侣时，**他对自己在乎的人**

所做出的评价会格外敏感。这个时候，伴侣的反馈和回应至关重要。

当男性处于稳定的亲密关系中时，性除了是身体欲望的宣泄外，更提供了重要的心灵安抚和感情支持。**从生理的角度来说，男性确实很容易被性欲影响情绪，而情绪又会反过来影响性欲。**因此，在伴侣关系中，如果性欲和情绪不能结合在一起，男性对女性就会慢慢从在乎变成不在乎，也不再想取悦这个曾经想取悦的人。

当男性向自己在乎的女性发出性爱请求时，女性给出这样的回应，男性就很容易产生一种回避的情绪，而这种回避的情绪让他不再有性欲。刚开始**男性总是很努力地去理解，但难免有被拒绝的感觉。**当被一次又一次地拒绝后，即使男性很想和伴侣做爱，他也只能学着**压抑自己。**当每一次欲望被唤醒又被迫不得不压抑自己时，男性就会出现**脆弱、敏感和易怒**的状态。

在一段关系中，如果我们看到一个男性神经紧绷，总处于上述这样的状态，其实是非常值得去探讨的。伴侣之间究竟出现了什么问题？是因为女性根本不想和男性发生关系，还是另有想法，或者只是随便找个理由重复拒绝对方，其真实目的是通过性来惩罚对方？

性爱过程中男女的不同态度

在性爱过程中，你会做些什么来取悦自己的伴侣呢？有人会说，床上运动时我会及时给予回应。那对方对这种反应是全盘接受还是全然不知，甚至接收到了错误的信息呢？

舒婉是一名护士，人如其名，旁人眼里的她永远都是温柔斯文的乖乖女。当她来到咨询室寻求帮助时，满脸羞红，欲言又止，酝酿了大半个小时才跟咨询师说出她的故事。

最近舒婉和男朋友剑锋一直冷战，究其原因，居然是剑锋觉得她在欢好时的声浪过于惊人，自己常常被惊到。舒婉每次都地动山摇地大呼"啊"，刚开始他还以为舒婉在尽情表达自己，时间一长，他就开始觉得舒婉的喊声过于虚假，往往自己还没有进入状态，就听到对方开始狂叫，他感觉女朋友一直在戏弄自己。而舒婉也觉得相当委屈，她认为自己已经在性爱中非常努力且积极主动地配合男友，就是为了让他能有更好的感受，没想到居然成了被诟病的地方。

两人因为床笫声浪这件事，从刚开始的指责，发展到后期的吵架和冷战。在咨询师的引导下，小情侣开始尝试真正面对自己内心的想法。舒婉坦白，她确实很多时候会"小题大做"，她以为这是男生喜欢的样子；剑锋则坦承，男生很在乎自己所爱之人的真实感受，而非夸张的表达。

解开心结后，两人在"坦诚相见"时，剑锋开始实时关心舒婉的心情和感受，舒婉也不再像过往一样单纯用声浪巨大的"啊"来回应，而是慢慢尝试说出自己的感觉。小情侣很快就步入了婚姻殿堂。

我们试图取悦伴侣时，会不会突然说："你究竟在做什么啊？我都还没有准备好！"在性爱中，如果用冰冷的，甚至不耐烦的语调去回应，那你所爱的男性听完后会如何理解，又要如何接受？在冷冰冰的语调下，男性很容易产生我所说的**"性短路行为"**，如果这种"短路行为"一次次地发生，男性就很容易产生**"心因性阳痿"**。

在性关系中，注意不能过度取悦伴侣，要"做对"，而不能"做过"。过犹不及就会如前述例子中的舒婉和剑锋一样，不能真实面对自己在性上的感受。很多时候，男性确实会期待伴侣在性生活中更强势、主动，这种"被渴望"的感觉能让他们看到自己在伴侣眼中的吸引力，但这种"被渴望"要建立在真实、不夸张、不做作的基础上。

习惯被拒，"性趣"转移

　　无论男女，如果在发出性邀约时被拒绝甚至是被嘲笑，他／她就会被自己在乎的人伤害，性的信心就会不断降低，以致某一天，他／她会因为这种性信心的降低而勃然大怒或是埋怨在心，甚至在第二天的早晨还要把这种情绪尽情地表达出来。在伴侣关系中，性不和谐的状态日积月累，发出的性爱请求会慢慢减少，直到没有。因为他／她每一次发出性爱请求，得到的都是一种重复性的拒绝和伤害，就会逐渐丧失对自己伴侣的"性趣"。

　　从男性心理来看，当男性失去了对自己伴侣的"性趣"时，他可能会把性投射到不会拒绝自己的女性身上，或者是令彼此都愉悦的女性身上，甚至是一些从未关心过的女性身上。当这种情况发生时，女伴是会第一时间指责男伴出轨和背叛，还是会觉得是因为自己不好而自卑呢？

　　从女性心理来看，当女性失去了对伴侣的"性趣"，她可能会把伴侣定位成好室友、好搭档，相敬如宾；或者是对男性百般嫌弃，甚至可能放弃这个人。当这种情况发生时，男性会用强硬的方式让女性回应自己，还是寻找他欢，又或是产生"心因性阳痿"？如若两个人的性爱之路走到这里，不妨静下心来，回顾一下在两个人的性方面发生了什么。

在伴侣关系中，有时候**性爱的回应比性爱本身更重要**。如果你身体确实抱恙，你可以直接诚恳地说："我真的不太舒服，我知道你很想要，那我可以做一些什么，能令你或者两个人更舒服？"例如，一个拥抱，一个深情的亲吻，甚至只是单纯地抱着对方睡觉。在给出善意和正面的回应后，再各自休息或者忙自己的事情，而不是用冷冰冰的语言粗暴地将对方打发走。

如果两人平时分房睡，仅仅在发生关系时才同床共寝，这并不是真正的伴侣。性，不单单指性交，很多细节都关系着两个人的情感体验，而不仅仅是性行为本身。因此，如果两个人对性的理解仅仅停留在极狭义的性关系上，那这种关系本身是不会带来深刻的和快感的。如果真的如此，那两人就应该重新学习什么是性。

31/
灵欲交汇同频共振，
性爱是伴侣交流的一种方式

我们再来接受一次灵魂大拷问，这次同样也分男生版和女生版。

Q1：对你来说，怎样才算"性"福？

男生

女生

Q2：有过高潮体验吗？尝试描述一下当时的感受。这种体验是单方面的还是双方共有的？

男生

女生

Q3：你的性爱频率、节奏如何？是双方同频，还是单方面的需求？

男生

女生

仔细思考，大胆写下你的答案！

在伴侣关系中，性和爱是可以分离的。同频共振的伴侣性与爱兼备，而貌合神离的伴侣则灵欲分离。我们来看看，性爱对于伴侣究竟有哪些影响。

· 性爱可释放压力、舒缓紧张情绪

多巴胺释放，快乐感觉增加，压力感减少。

快乐的感觉甚至可能维持数小时，直至荷尔蒙分泌恢复常态水平。

· 性爱可以帮助入睡，提高睡眠质量

肌肉在兴奋时紧张，并在事后得到更多的放松。

· 性爱可以提高面对压力和困难时的自信心

· 定期性爱表达伴侣间的爱意，共同高潮给彼此带来更大吸引力

· 性爱可以保持青春

· 性爱能改变你的外观

刺激和运动导致肾上腺激素产生，提升皮肤透明度。

· 性爱燃烧卡路里，帮助保持身材

热烈的吻 =12 卡，10 分钟爱抚 =50 卡

缓慢做爱 =200 卡 / 时，热烈而兴奋地做爱 =500—600 卡 / 时

· 性爱有益于心血管循环系统的健康

"一周做爱 3 次，心脏病不上门。"

· 性爱可以延年益寿

研究资料表明，性和谐伴侣比单身或离婚的人更长寿。

好的性爱与年龄无关，更年期和老年期性爱更注重知识和技巧。

· 性爱使你和伴侣更加亲密

性爱是伴侣交流的一种方式。

　　有一些伴侣在踏入三四十岁的行列时，可能会因为工作压力，或者家庭琐事疲于奔命，而把性爱搁置了，彼此成了"纯友谊"的婚姻合伙人。其实，不论性别，不论年龄，即使是八九十岁的老人都可以拥有性爱。如果过早地停止性爱会很容易导致身体状态走下坡路。正如一台一直在使用的机器突然有一天下了火线，偶尔保养一下，这台机器反而会更快、更容易损耗。

　　我们的身体同样也像一台机器，在我们年少轻狂时就开始运作，只要保养得当，这台机器可以一直坚持到生命停止。性爱对女性而言并不因绝经期到来就停止，更年期的性爱只是需要更多技巧和知识，掌握了其中的奥秘就不会因为身体发生的变化而令性爱停止。

　　也有人会说，如果是有性无爱，这样对身体也能起积极作用吗？

有性无爱并不能带来明显效果，因为这种性爱仅仅是一种肉体欲望的需求，它往往会产生压力，这种压力反而会令身体出现问题。

因此，从另一个侧面看，有些人很喜欢定期在约会软件中寻找刺激和快感，但依旧各种病痛缠身。这是因为有性无爱会带来恐惧、担忧、内疚，在这种情绪支配下的性关系是不会带来良好体验的，更不可能给身体带来良好的改变。

请记住，**性爱是使你和伴侣更亲密的一种方式，更是伴侣间灵魂和肉体互相交流的一种方式。**在性爱中，两个人表达了自己浓浓的爱意，比纯粹在口头上表达爱意来得更真实。

32 性爱与激情，
尺度该如何把握？

Q1：你认为激情性爱的关键是什么？

男生

_____

女生

_____

Q2：你觉得自己在性爱中能为对方提供怎样的激情？

男生

_____

女生

_____

激情是性爱的关键。我们可以站在不同的角度去看，彼此怎样做才能让两人同频共振、都能达到激情四射的状态。

女性需要大胆、自信地坦陈心声，给男性一些明确而真实的反馈，帮助男性知道他在性爱的过程中该做些什么。千万别因为羞涩而咬紧牙关一声不吭，或者流于夸张的表达。还记得上一节提到的舒婉和剑锋的例子吗？过度冷漠或者过度取悦都不可取，男性所期待的是能起到指引作用而又明确真实的反馈。

另一方面，女性明确真实的反馈能令男性产生更高的激情。当男性习惯在性爱中变换各种技巧时，适时、持续地给出明确真实的反馈，可以满足他的猎奇心理。当女性用不同的性爱表达方式使自己更自由舒展时，男性同时也得到了满足。

伟康和小静是青梅竹马的玩伴，大学毕业后两人迫不及待地步入了婚姻殿堂。彼时，他们的世界都只有彼此。婚礼上，两人泪眼婆娑地许下了一生一世永不分离的诺言。

婚后两人的职场升迁之路都很顺遂，伟康成了某上市跨国公司的高管，小静也开设了属于自己的连锁烘焙工作坊。由于工作压力和工作强度都很大，伟康和小静结婚五年来一直没要小孩。

无意中，小静发现了伟康在微信上跟不同女生暧昧的对话。好奇心促使她继续翻查伟康的微信聊天记录，发现他总是会定期前往 A 市，而每次去 A 市都恰好是他说出差的时间，且每次去都会与不同的女生约会。

之后有一次伟康从 A 市回来，小静彻底爆发，用尽一切手段让其坦白。面对小静的质疑，伟康矢口否认，直至小静面无表情地把所有聊天记录和出差时间的票据复印件摆到他面前。目睹昔日温柔的妻子如今怒不可遏，伟康只默默地回了一句："我没什么可解释的。"百思不得其解的小静流着泪恳求伟康去咨询婚姻辅导师，希望能找到挽回婚姻的一线生机。

在咨询室里，伟康口中说出的故事和小静预想的截然不同。面对辅导师，他的第一句话居然是："请你一定要救救我，我很爱老婆，我不想离婚！"伟康坦承自始至终都没有第三者，但多年来"程式化"的性爱体验让伟康已经完全没有激情可言，这种味同嚼蜡的感觉导致他长期得不到满足，也没有办法集中精力应对高强度的工作。

一次出差的偶然机会下，伟康在 A 市的夜店肆意激情地放纵后，居然发现自己一洗颓风，得以重新高效地投入到工作中去。自此，伟康犹如打开了"新世界的大门"，沉迷成瘾，无法自拔。伟康每次都特意找不同的女生发生关系，他认为纯粹的欲望发泄并不涉及任何感情，不算对小静的背叛，他在情感上对小静也从来没有二心。

面对伟康的坦白，我问了他一个问题：撇开行为背后的心理动机，因小静是一位"对性忠诚度要求高"的女生，她很难接受老公和其他女性发生性行为，会觉得伟康非常肮脏，并不能接受男性所持的"灵欲分离"观点，那这段婚姻将何去何从呢？**我让他们好好思考，究竟两人在性上缺失了什么导致激情不再。这是这段关系能否重修于好的关键所在。**

两人第二次一起来到咨询室时，专门就性爱和激情做了思考和讨论。伟康觉得和太太的性爱如同嚼蜡，索然无味；小静坦白自己性经验不足，很多时候因为羞涩或根本不知该如何做出反应，所以宁愿选择沉默不语。同时，她也无法接受先生的身体被其他女性"使用"过。对此，我给出的意见是，如果两人依然想携手前行，那就要改变观念，重新开始，彼此都要说出自己真实的感受。

半年后，他们又一起来做辅导。伟康告诉我，他再也没有去过 A 市，虽然和小静还没有要孩子，但磕磕碰碰间两人依旧心系对方，不离不弃。从他们十指紧扣一同走进咨询室的小细节中，我看到曾经快要熄灭的激情之火已经慢慢在两人心中重新点燃。

激情一直都是性爱的关键所在。如果激情不能被引发，那么无论两人的感情如何深厚，性爱都容易陷入固定程式。如果真的走到这一步，那不管是男性还是女性，都很容易在伴侣之外寻觅久违的激情。

程式性爱 VS 激情性爱

激情性爱

→男女相互的爱抚、亲吻

→女性积极主动的要求和反馈

→男性享受其中，并愿意花心思变换花式爱抚女性

→女性在莫大的安全感中自然而然地流露自己的感觉

→良性循环，双方享受浓烈的激情性爱

程式性爱

→男性的爱抚，女性的等待

→男性花式老旧，或等着女性挑逗

→女性欠缺适当的反馈

→男性感到挫败而茫然，变得焦躁鲁莽

→女性产生越来越重的不安全感，无法自然流露感觉

→逐渐对对方失去性趣

→女性渐渐失去对性的真实感受

→恶性循环，双方进行机械化程式性爱

机械化程式性爱就如那句老话：左手拖右手，一点感觉都没有。

一对情侣，从一开始的彼此深爱，到最终双方陷入冷漠，其实有时并非他们在生活中遇到了特殊的困难或艰难的状况，而是一些彼此无法启齿、无法诉说的床笫故事所带来的问题。当我们了解激情性爱和程式性爱之间的差异后，我们就有机会回到一个良性的循环中，使彼此在性里表达我们的爱意，用爱意传递我们对性的渴望，令这段伴侣关系有更良性的发展。

33 / 无处安放的激情，"性爱套餐"私人定制

坐在咨询室里的波波和小 Q 是一对结婚五年的夫妻，宝宝刚满半岁。面对辅导师，两人扭扭捏捏、吞吞吐吐，偶尔对望一眼就立马满脸通红，以致半天都没打开话匣子。

小夫妻是大学校友，相识于新生入学、师兄带师妹的俗套场景，拍拖多年后，两人按部就班地步入结婚、生子的阶段，感情一直很稳定。但在小 Q 生完小孩后，情况却悄悄起了变化。宝宝四个月时，小 Q 的身体已经恢复到"临战状态"，做好了随时上场的准备。

产后第一次的"玉帛相见"进行得并不愉快，因为曾经陪产，波波亲眼看到太太分娩过程的痛苦以及宝宝出生时的场景，在和太太尝试性爱的过程中，这个场景又再一次在波波的脑海中浮现。这种患得患失的心态让波波从"临战状态"中冷却下来。波波很爱小 Q，不舍得太太再次陷入生产的痛苦当中，所以在后续的几次尝试里波波一直"有心无力"。小 Q 事后百般安慰，但效果也不甚明显。

听明白小夫妻的故事后，我给出了自己的意见：小 Q 用两个月的时间进行身体修复，同时小两口就是否要二胎达成一致意见。在这段时间里两人不要同床而眠以及发生关系，等两个月的过渡期结束之后再进入下一阶段的调整；否则在心结没有完全解开之前，性的勉强只会让彼此更加疏远。

两个月后，小夫妻再次来到咨询室时，我给出了第二阶段的调整方案：

第一晚：在两人同床就寝前，先生可以先从背后深情地拥抱太太，再亲吻太太左侧的脖子，双方说一下各自的感觉，但这时候无论如何都要先控制住自己，只是互相拥抱然后睡觉即可。

第二晚：除了完成第一晚的流程外，先生可以开始抚摸太太的身体，让太太开始有性兴奋和刺激；同样地，这一晚也仅仅是相拥而眠。

第三晚：完成了第一、二晚的流程后，可以开始尝试进入彼此的身体。

一周后，波波和小Q到访咨询室，开心地告诉我，他们彼此重新拥有了激情澎湃的性爱体验；对于前后的强烈变化，小夫妻百思不得其解，为何"守身如玉"的日子能唤醒彼此最强烈的渴望，最终以激情的性爱形式爆发。其实，激情性爱的持续阶段会很短暂，如果不能保持这种激情，甜蜜的感觉也会很快消失。

在未来的日子里，我让小夫妻制订属于两人的"性爱套餐"：例如每周2—3次快速（如15分钟）性爱，但前提是通过一系列的前戏，让太太也能快速进入状态与先生同频；每一到两个月，可以有一场时间较长、持续且淋漓尽致的性爱；大概六个月，小两口可以外出找一个有格调的酒店住上一晚，度过特别的欢乐时光。当他们体验过自己的"性爱套餐"后，可以再跟辅导师联络下一次的见面。

大概一年后，再次到访咨询室的波波和小Q神采飞扬，小Q完全恢复了少女般的身段，而波波的身材较之前也显得"幸福胖"。原来，"性爱套餐"有如此神奇的魔力，让渐行渐远的小夫妻能重回蜜月期。

恋爱一时爽VS结婚火葬场？

案例中，波波和小Q对神奇的"性爱套餐"百思不得其解。同样地，很多情侣在婚后也会有"恋爱一时爽、结婚火葬场"的想法，究其原因是生活中缺少了激情。那么激情性爱在伴侣关系中的正确打开方式究竟如何呢？

伴侣会**在激情性爱中不断形成并加深对彼此的爱恋**，这种爱恋和着迷远远不应也不只在恋爱过程中存在。如果想要婚后继续拥有这种感觉，就必须把激情放回伴侣关系中，从而令两个人的情感得到升华。

有研究认为**性爱是滋润彼此、享受爱情的最佳方式**。在激情性爱中，女性逐渐感受到男性对自己的渴望，同时也希望通过性爱给自己带来更多快乐；男性也慢慢明白自己不仅在付出情感，也得到了所需的爱情。当男性越愿意去发现女性的优点，当女性越愿意分享自己的性喜好和性回应，男性就越想要亲近、满足并呵护对方，而这种亲近并不仅仅体现在性上。当彼此有机会共同探索和表达自己的性爱情绪时，这种交流机会能增加伴侣之间的相融性，并加深彼此的爱恋。

相反，如果将激情从性爱中剥离，只存在机械化的程式性爱，会使女性在重压下变得冷淡，从期待变成单纯地满足男性的欲望和需求，忘记了自己对性的真正感觉，也体会不到性的快乐。与此同时，当男性刻意忘记如何去用心爱自己的伴侣时，就无法给伴侣带来惊喜和愉悦，男性的性自信会受到损害，体验到的可能是受挫的感受，为了维持内心的平衡，他可能会逐渐失去对伴侣爱的冲动，把注意力转移到一些新的、能带给自己激情感觉的女性身上，提高体验

"成功"的概率。两个人的交流日渐减少，伴侣关系就会变得更加平淡而机械。

读懂时间差，激情性爱事半功倍

时间是男女性爱的最大落差，同时也是让伴侣对激情性爱产生认知误区的原因。远古时期恶劣的生存环境要求男性迅速"完工"，以保护自己和伴侣，避免受到周围游荡猛兽的攻击。而女性则需要平卧以利于精子与卵子的结合。这种模式随着进化延续至今，就成了先生吐槽太太冷淡、缺乏激情、迟迟不进入状态，太太抱怨先生只顾自己、不懂温柔的局面。

例如，男性在性欲一来时就想要马上发生关系，而女性则需要时间慢慢培养自己性的欲望。从生理的角度来看，男女之间对待性的差异真的很大。男性从有欲望到高潮，只需要两到三分钟的刺激；而女性从有欲望到高潮则需要十分钟的时间，甚至需要二十到三十分钟的前戏，才能达到性高潮。

男性和女性如果不了解这种时间差，其结果往往就是男性单方面宣泄欲望，只顾自己"完成大事"，却忽略了女性所需要的，这个过程对女性来说是一个会引发"恨意"的过程。当这样的"恨意"不断叠加堆积，日后女性拒绝男性就会成为非常自然的事情。所以在伴侣关系里，男性要扪心自问，为何自己所爱的女性会不断拒绝自己，原因可能是做了只顾自己却忽略了对方的蠢事而不自知。

小智是一个身材肥胖的男生，运动对他来说是一件很艰难的事情，这导致他每次与女朋友小敏欢爱的时间都极短，完事后就会迫不及待地躺下，大呼疲惫，随之鼾声雷动。小敏早已熟悉了男友的这种节奏，每次等小智秒睡后，小敏都会下床洗澡，然后自慰完事。日子渐长，小敏开始不断用各种"借口"拒绝与小智再发生性关系。

当小智和小敏发现彼此从无法进行性行为，到互相看对方不顺眼，甚至开始彼此厌恶时，两人想到分手。但多年的感情让他俩对未来之路犹豫不决，便双双前往咨询室寻求专业意见，分析两人是否真的无法再携手走下去，直到步入婚姻殿堂。

我指出解决两人问题的关键点在于对性关系的调整，并建议小智先做一个全面的身体检查。两周后，小智带着体检报告回来，身体各项指标都正常，只是欠缺运动。我让小智制订三到六个月的"瘦身"计划。半年后，成功减重、变得健硕灵活的小智再次回到咨询室。小敏感受到了小智为爱情改变的决心，但依然觉得彼此在性爱上无法达到同频的状态，这也让她依然对未来的路充满困惑。

恢复身体状态仅仅是性辅导的第一步，我发现两人缺乏知识和技巧，导致很难有同频共振的激情时刻。在接下来半年的后续辅导中，小智和小敏会定期学习相关的性知识和技巧，我同时鼓励小敏能在性爱过程中坦率、直接地说出自己的感受，而小智也愿意为了对方的欢愉而改变自己。

三个月后，我收到了小智和小敏即将结婚的消息。这段一度濒临枯萎的爱情，经过小情侣的不懈努力，最终经受住了考验，得以开花结果……

性关系要和谐，就需避免相互伤害，还要保持性当中彼此的自信和高潮，男性需要花更多时间令女性感到快乐，然后才是自己的快乐。男性要明白，性爱中给予女性的时间应该更长，男性给到女性的前戏会令女性更加感受到男性的爱。

　　如果男性欲望一到就"精虫上脑"，完事之后就将女性冷到一边，女性就会想男性刚刚进行的仅仅是动物行为，毫无感情可言，而自己只是一个被宣泄的对象。日复一日，女性就会对男性失去爱意，便很难再愿意发生性行为，或者在性爱过程中越来越不想回应，双方也就更不可能拥有激情四射的性爱。

　　性，是男性和女性需要共同探讨、共同学习的课题，令彼此感到快乐和愉悦是性辅导中很重要的目标和任务。只有快乐愉悦的性，才能让伴侣间的感情更加深厚和牢固。不然，失去了性的连接，随之失去的，很可能就是夫妻关系。

黄家良语

夫妻二人的婚姻好不好，从性上就可以看到。

曾有一对前来咨询的夫妻，他们俩总是很容易为一些琐事吵架，还吵得天昏地暗，非要把对方说服不可。但无一例外，吵架的最终阶段，先生都会抱着太太来一场比吵架更轰轰烈烈的性爱。结果第二天，夫妻俩又一如既往地恩爱。

性，是维系夫妻关系很重要的一个"扣"，可以将夫妻紧密地联系在一起。夫妻二人从相爱到结婚，性是维系彼此的关键元素之一。如果缺乏性，这个扣就会松开，两个人就很难紧密相连。嘴上总说相爱的两个人，性关系却很冷淡，甚至没有性关系，虽然彼此自诩是精神恋爱，但现实中他们又能走多远呢？

在任何冲突和矛盾里，如果夫妻二人不是将性用来惩罚对方，或者将性搁置，那么无论发生何种争执，如何咬牙切齿，两个人其实都可以借助性来解决难题。因此，在成为夫妻之初，我们需要去学习如何借助性来化解矛盾，而不是伤害彼此的感情。

尾声

有些人赋予爱情以永恒属性，认为爱情是一个接一个的心动瞬间，此起彼伏；有些人则"人间清醒"，认为爱情只是一堆激素的排列组合，当激素从波动的荷尔蒙变成稳定持续的催产素，最初的激情四射、汹涌澎湃最终便会回归岁月静好、细水长流。

故事到了这里，无论是一如既往眷恋对方的伴侣，还是面临人生交叉点徘徊不前的伴侣，都要清楚地知道，在亲密关系的进程中，想要关系能持续有效地推进，确实需要一些重要的情感营养素——**情感三元素，包括亲密、承诺和激情**，三者彼此交融并保持平衡，亲密关系才能持续稳定地发展。

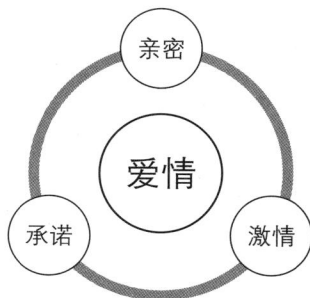

罗伯特·斯滕伯格（Robert J. Sternberg）曾在《心理评论》中提出爱情三角形理论

亲密

包括强烈的关心、紧密感、约束感与联络意识。亲密是一种真正喜欢对方、渴望一起建立更有凝聚力的和谐关系，并把自己的个人生活以真诚、不设防的方式与对方共享的情感关系。信任、耐心和理解是亲密的重要特征。浓烈的亲密关系让伴侣在不分彼此的"我们"之中发展，他们互相关心、善待对方、满足彼此的需要和欲望。此时，尊重在亲密关系中是最重要的。

激情

包括互相吸引、驱使人恋爱、进行性行为和性语言的动力。激情以激起身体的欲望为特征，形式是对"性"的单一渴望。此时，相互的吸引力是最大的，获得对方的期望值也处于非理性的状态，进而使自己不计后果地全身心投入。

激情和亲密相比，短暂而炽热，过后会出现浓情热退期，这亦是令伴侣产生问题的区间。对于伴侣来说，激情是改变庸常生活的实质，是可以营造并与对方共同探讨的，与神秘无关。它可能包括：性的模式、爱的表达、成功的喜欢、激情后的愉悦分享等。此时，分享在激情关系中是最重要的。

承诺

包括短期愿意与对方相处，以及长期的爱的维系。承诺是为一份感情做决定，并承担起维系和发展的责任；让双方共同生活在稳定、持续和确定的感情关系中，巩固伴侣联盟；同时，主动让对方融入自己的社会关系，并尊重彼此的隐私。在承诺关系中，信任和支持是关系中的基石。

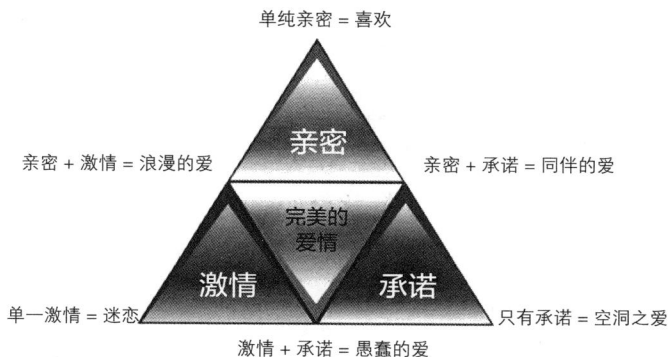

罗伯特·斯滕伯格提出的爱情三角形理论

其中，三角形的大小代表爱的程度，面积越大代表越爱对方；三角形的形状则代表着爱的不同阶段，普遍分为"激情阶段"（三角形倾向左方）、"亲密阶段"（正常三角形）和"承诺阶段"（三角形倾向右方）。

我邀请张伟和洁莹参与了一个互动练习，画出他们的爱情金三角。通过爱情金三角，我们可以看到激情、承诺和亲密三元素在不同时期的需求以及指向有着怎样的显著变化，同时也能发现双方对当下感情的需求和指向。

以下是具体的操作和实录。

步骤

1. 把一张白纸折成三等份，在第一等份中先画一个三角形（这是你在现实中婚姻状态的爱情三角），把情感三元素——激情、承诺、亲密分别放到三个角上。

2. 在白纸的第二等份中，再画一个三角形（这是你理想中婚姻状态的爱情三角），然后分别在三个角上标注三元素。

3. 在白纸的第三等份中，画出修正后的第三个三角形（这是你所期待的婚姻状态的爱情三角），分别在三个角上标注三元素。

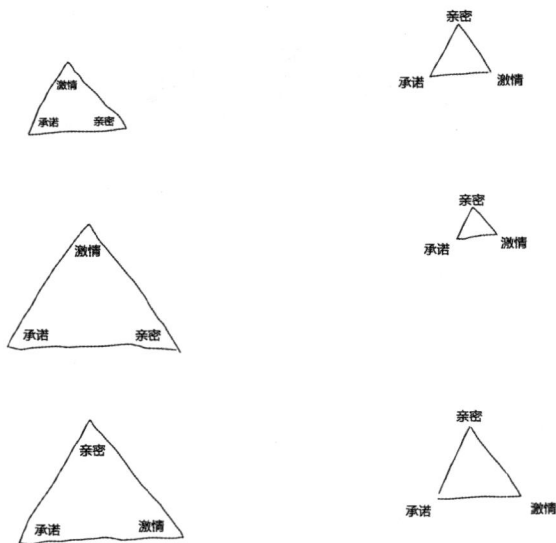

左侧为张伟画的三角形，右侧为洁莹画的

从图形来分析，爱情三角形中角的位置、角度、角的形态、边的线条和图中的第三个三角形，这些元素都有其具体含义。

如上顶角代表当事人最渴望、对其最重要，也最期待的元素，左角代表不是目前所关注的，而右角则代表渴望追求的。

相比尖锐的角，圆润的角表示渴望维系或修复关系，直角则代表期望对方按照我的要求被修正；在线条的形态上，曲线代表关系，若曲线相连的两个元素之间的关系不平衡，则靠近波峰的元素波动更大；而重笔通常表示焦虑的情绪，这种情绪与重笔的程度相关。

　　洁莹的三个爱情三角形相对来说都比较稳定，三者逐渐变大反映出其对关系的理解和清晰度不同。除此以外，三个元素的摆法是一样的，反映出她很清晰地知道自己现在需要什么、将来需要什么，以及现在对自己来说什么是重要的，而什么是已经不需要考虑、不需要担忧的。

　　例如，她把三个"亲密"都放在了顶角。所以对于她来说，亲密对于现在和将来都是非常重要的元素。这与她的成长经历有关。她非常看重家庭关系以及家庭里的人际关系。另外，三个三角形的形态也比较稳定，只是面积逐渐变大，说明她很清楚自己期望两人未来在关系里能趋向和解。

　　张伟则比较保守，他画的第一个三角形最小，第二个三角形最大，第三个三角形次大。三个三角形的元素都放在了三角形内部，反映出男生性格比较内敛。他把激情放在了第一个和第二个三角形的顶角，反映出他非常希望洁莹能对他重燃激情。在第一个和第二个三角形中，亲密是需要建构、维持和追求的，所以对他来说，承诺是目前不考虑的。在他心里，亲密关系和追求激情都很重要。

　　对比洁莹和张伟的爱情三角形，会发现两人的第三个三角形是一致的，即他们有一个共识：亲密关系的维系是重要的，放下过去的成见与怨念，两个人才有未来。孩子的降临虽然是非计划下的，可也是为关系增添快乐的元素。在激情方面，两个人都认可生活中需要不断有新鲜有趣的事物，让两人的感情有更多联结。他们也都关注到，在未来日子里，彼此谅解将会让两人更加开心。

　　当张伟和洁莹走出咨询室时，他们这一阶段的辅导暂时告一段落，但是他们的故事远未结束，他们将在半年后回来继续复盘。未来的路，他们需要共同面对，只有愿意付出更多的努力和耐心，才能缔造更多的激情和亲密，让婚姻之路走得更稳、更远。

分疗手
手伤
分手

手册

黄家良　黄颖——

著

倘若感情最终无法挽回，我们就需要积极地疗愈。虽然这一切真的痛彻心扉，双方很难在短时间内恢复平静，但也不能抛弃爱和信任的能力。接受这一切的发生，肯定它的意义，在挫折和磨难中成长，在失去中更懂得如何付出和珍惜，这才是分手赋予我们的真实力量。

这本《分手疗伤》手册既写给专业的伴侣辅导师或婚姻辅导师，也可以作为给普通读者的进阶读本。当我们为上一段感情画上一个句号时，并不代表我们在未来不会有新的开始。我们需要很清楚自己在上一段关系中究竟经历了什么；怎样才能在上一段关系的创伤中汲取经验和力量，获得治愈，让我们在下一段感情中不会因为同样的问题而再次摔倒。

我们期盼每一位读者的感情生活都能和顺美满，不至于陷入分手的痛苦历程里。但如果有一天真的遇到这样的情况，我们也希望提早为读者接种上一剂"分手疫苗"。因此，在整个分手辅导里，更值得辅导师重视的是每一位来访者的宝贵经验，它们如金子般珍贵。辅导师能做的，是陪伴当事人一同回顾整个过程，让他们了解自己将经历何种历程、面对困境时该如何自处和自保，并在关系中总结新的经验，将其带到下一段关系里去。

　　或许在某个微凉的午后，上一段关系的疼痛还是会偶尔浮现，但我们已经慢慢学会把它融入自我，让它成为自己生命成长的一部分。生活或许让我们遍体鳞伤，但只要我们能从中获得前进的力量，那些受伤的地方就终将变成我们最强壮的地方。

　　在进入这个篇章前，回想一下自己的恋爱经历，并尝试回答以下五个问题。你可以把答案写下来，也可以默默记在心里。

　　　1. 分手的感觉是怎样的？
　　　2. 分手时最希望发生什么？
　　　3. 分手时感到最痛的是什么？
　　　4. 分手是一夜之间发生的吗？
　　　5. 分手有前兆吗？

　　带着对这五个问题的思考，我们正式进入《分手疗伤》的篇章。

001 | 分手辅导师：
以生命影响生命

| 互动练习 |

某部热播剧里曾有这样一句台词：小时候我们爱吃西红柿，以为一辈子都爱吃，长大后发现，不爱吃就是不爱吃了。在爱情的世界里，相爱的理由总是很相似，而分手的理由却有千千万万。回忆一下，你听说过哪些分手的理由？

_____

_____

_____

痛彻心扉的感觉，未必随时间的流逝而变淡

恋爱的分离、婚姻的分离、亲人的丧失、子女求学的远离，都会产生分离性创伤。而如果在分离时未能处理得当，这段关系就犹如被硬生生掰断的树枝；这种分离性创伤也将会极其深刻，在记忆中留存很久。而这种痛苦并不一定随着时间的流逝就能逐渐减弱，甚至还会在时间的作用下愈加清晰。

回到恋爱过程中的分手，如果当事人不想因分手而带来太多后续问题，或是在面对下一段感情时重蹈覆辙，抑或进行报复性恋爱的话，分手辅导是相当重要的，而分手辅导师就是尽量让这种心理创伤最小化的"急救队员"。

与此同时，分手辅导也是一个自我学习和自我治愈的过程。分手辅导师的使命是让当事人客观地明白上一段关系分崩离析的前因后果，包括彼此在恋爱过程中所发生的事情、不同阶段里关键的时间节点，以及最终导致分手的具体事件。

曾经有一位来访者，她在每一段感情经历中都充当着第三者的角色，不停地陷入"热恋—发现自己充当第三者—纠缠—分手"的模式中不能自拔。每当她发现自己位置的尴尬时，她都会选择退出，但很快又会陷入同样的循环。究其原因，是她在每一段关系中都只能看到自己当下的需求，在关系结束后，也没能及时理顺自己的需求和角色定位，没有给自己学习、吸收和改变的力量。

在整个分手辅导中，我们能非常清楚地看到，所有的分手都是有前兆的。我们把这种前兆称为"黄灯预警"。我们要分析的就是在"黄灯"亮起前，当事人在这段依存、依赖和依靠的关系中发生的那些合理或不合理的事件，从而避免重蹈覆辙。要明确的是分手辅导的过程是辅导师协助当事人分析、澄清和理顺的过程，绝对不能落入给当事人出主意的思维误区。

分手辅导师的三大守则

一名合格的分手辅导师必须遵循三项重要"守则"：

首先，分手辅导师必须真正面对自身经历过的故事。

这并非要求分手辅导师是有很多分手经验的情场老手，而是指其并非"白纸一张"，也曾拥有过类似的心路历程。正如没有经历过十月怀胎、一朝分娩的人无法真正理解母亲生育的痛苦。

分手辅导师要回顾自己的经历，自己当时的感受如何，又是怎样一步一步走过来的；在整个过程中，辅导师获得了哪些经验，如何总结出分手的原因；如果在那段日子有人施以援手，整件事的结局是否将截然不同？当分手辅导师愿意回顾自己的心路历程，他／她就能更容易理解来访者的感受和诉求。

其次，分手辅导师要理解同理心的真正表现。

在心理咨询中，"同理心"和"共情"是经常被提及的两个词语。事实上，真正的同理心并非对来访者施以同情或怜悯，也不是滥用的共情表达或行为表达，而是让来访者清楚地感受到辅导师能与其在经历中一同回顾、思考、感受；来访者心路历程的每一个阶段，辅导师都能切实地感同身受。在辅导过程中，辅导师所说的每一句话都应该令来访者获得力量、支持和更多的启发。

最后，分手辅导师要有预知历程阶段的能力。

分手辅导师熟知这段历程中痛不欲生的感受，当辅导师面对来访者时，他／她就能预知来访者在历程中所处的阶段和时间节点。分手辅导师需要清晰地告诉来访者，整个历程并不漫长，每一个阶段都有相应的时间节点，跨过某个时间点后将会进入另外一个阶段。如此，来访者虽然当下仍有明显的痛楚，但能更理性地对待历程中的每一个阶段，无须在看不到尽头的痛苦中纠缠下去；而来访者所感受到的支持和力量也是辅导师同理心和专业技能的体现。

在整个过程中，辅导师因曾经的经历而能深刻理解、影响和辅导来访者。因此，我将这个过程称为**"以生命影响生命的历程"**。

002 | 八大黄灯预警讯号:
所有的分手都有迹可循

　　我曾经辅导过一个"相爱一生"的工作坊,目的是帮助成员解除婚姻中的"黄灯",重建有感觉的相恋关系。当时一共来了9对夫妻,他们自由选择位置围坐成一圈。其中有一对结婚逾15年的夫妇,他们前后脚步入场地,但目光从未对视过,进场后,两人选择了相距较远的座位入座。

　　在整个互动过程中,这对夫妇满脸都写着"不情愿"三个字,两人的身体从来没有发生过碰触;而他们都眼神闪烁,很明显在回避对方。在拥抱环节,我把他们请了出来,让他们相互给对方一个拥抱。先生伸出手,在不触碰对方身体的情况下给了太太一个隔空的拥抱,而太太则努力调整站姿,试图避开和先生身体的任何接触。

　　然后,我请出了在场的另外一位女士,跟这对夫妻说,"你们之间的空隙足够让这位女士轻易地走进来,你们愿意她插到你们中间吗?"这时候,先生和太太都毫不犹豫、异口同声地说不愿意。于是,我向他们建议,如果不想两个人之间随意闯入第三者,就请他们紧紧地拥抱住对方,不要形成"有机可乘"的空隙。

五分钟之后，两人紧紧拥抱在一起。先生首先忍不住落泪，哽咽着说找回了曾经的感觉。我请他跟太太说出此刻的心里话，先生哽咽着说了一句让太太热泪盈眶的话：我会继续爱你！

所有的意外都蓄谋已久，所有的分手也都有迹可循。在伴侣关系中，从来没有突如其来的"分手"和"被分手"，一段感情是否会终结，早就有了暗示的前兆，我们称这种前兆为分手的"黄灯信号"。回到上面的案例，这对老夫老妻的"黄灯信号"在于，彼此都一厢情愿地认为两人结婚多年，并不需要像年轻人一样腻歪地粘在一起；又或者会觉得，如果我热情地表达自己的情感，对方万一觉得我矫情怎么办，还是不表达更安全。

在伴侣关系中，我们可以用交通信号灯来理解上文所说的"黄灯信号"。在相识、相知、相爱的过程中，两人是否能绿灯常亮、一路无阻呢？答案是否定的，再亲密的唇齿相依，也会有磕碰的时候。鸡毛蒜皮的生活琐事、对小问题的共识未达成，甚至是一句无心的话语、一次为面子而互不相让的赌气，都很容易让关系亮起"黄灯"。假如不能及时重视和处理，亮起的"黄灯"就会逐渐让平衡的两性关系失衡，彼此的关系就有错落，若"黄灯"一直叠加，就会演变成让关系刹车的"红灯"。

八大黄灯预警讯号

1. 亲密关系建立在过度理想化的土壤里

（1）总是活在假想的期待中，当期待无法实现时，就会变得愤怒和失望。

- 发现他 / 她并非自己想要或期待的那一类型；
- 发现他 / 她似乎是个不太有感情的人；
- 发现他 / 她在情绪爆发时，简直让人接受不了；
- 发现他 / 她总是会看其他异性；
- 发现他 / 她生活中有很多坏习惯。

（2）问题并不在伴侣身上，而在自己身上。

艾米的儿子大卫最近参加了一项国际象棋比赛。比赛结束后，艾米的先生认为大卫比赛不认真，便情绪大爆发，对大卫恶言相向，这和艾米眼中平时温文尔雅的丈夫形象大相径庭。

＜黄灯预警＞

脾气往往会发在最亲近的人身上，先生的脾气通常容易发泄在太太和孩子身上。那为什么先生选择了孩子作为发泄对象呢？究竟是因先生自身工作压力过大无处发泄，还是和未出场的太太也有关系？孩子的比赛仅仅只是一个导火线吗？这很值得艾米夫妇深思。

2. 失衡的两性关系，彼此关心的程度不一致

- 在维系感情上，仅一方较积极、主动和热情；
- 总是一人不停地计划，另一人只是跟着执行；
- 为对方付出，但对方却从不感谢；

- 一方对两人关系仍有激情，但对方更像只是应付了事；
- 当谈到未来，对方的回应一点都不热络。

施霖近段时间有点忙，尽管怀着4个月的身孕，却还要和先生忙前忙后地筹备婚礼。有一天外出时，施霖想上洗手间，但先生忙着去修车不大情愿陪同。小两口争执了几句，彼此都觉得自己很委屈，最终先生还是先陪施霖去了洗手间，而后才离开。尽管如此，施霖还是觉得自己的一口闷气挥之不去，觉得先生的行为并非心甘情愿。到了晚上，依然还在生闷气的施霖连日常的晚安吻别都省略了。

＜黄灯预警＞

施霖觉得怀着身孕筹备婚礼很难受，想让先生陪伴去洗手间，先生却敷衍了事不以为然。先生同样满怀委屈，婚礼筹备和怀孕让原来善解人意的太太变得有点喜怒无常，明知自己匆忙赶着去修车，却连上洗手间这样的琐事也需要全程陪同。

日常的琐事很容易带来无谓的赌气，这种赌气很容易在双方心里形成一个"气点"。这种"气点"如果不及时化解，尽管很快会被遗忘，却不会消失，而是会悄悄沉淀下来，并且很容易吸引其他类似情绪的"气点"。长此以往，"气点"就会越积越大演变成"气团"，为两人的关系埋下隐患。

3. 拯救者与依赖者

（1）扮演拯救者的一方会非常主动地帮助另一方……

我比你行，你连自己都照顾不了！

（2）依赖者扮演被拯救的角色，会操弄另一方的拯救行动。

反正另一方总是会伸出援手，不认为自己需要改变什么。

或者久而久之，对拯救者的居高临下感到非常愤慨！

（3）有拯救者倾向的人会对不同的伴侣重复一样的模式，会不断被需要他们拯救的依赖者吸引。

婚姻关系结束后，罗依久久不能释怀，经常找蓝颜知己桂强聊天、抒发情绪。在桂强面前，罗依楚楚可怜和柔弱的一面得到尽情的诠释和表达。随着沟通的深入，罗依愈发感受到桂强的体贴和理解，情感上对桂强也越来越依赖。同时，桂强为罗依在婚姻关系中的际遇深感不平，产生了强大的保护欲望。后来，两人很快地确定了恋爱关系并成婚。婚后，桂强一如既往地充满了拯救的欲望，而罗依也非常依赖这种被拯救的感觉。

＜黄灯预警＞

拯救者往往会觉得被拯救者很柔弱、很可怜、需要被帮助，他们的内心会释放出强大的保护欲，这种欲望甚至可能会浓烈到想时刻控制对方。被拯救者在一开始会很依赖这种感觉，而一旦被拯救者不再愿意被控制时，他／她就会觉醒，反思并挣脱这段令人窒息的关系。

4. 其中一方是完美主义者

（1）完美主义者心中有个信念：我要把对方改变得完美。

"一定得""应该要""必须要""还不够好"是他们经常挂在嘴边的词。

（2）完美主义者活在对失败的恐惧中，经常患得患失，觉得积极是责任，这是他们建立安全感的方式。

（3）另一方容易陷入以下情况：

- 严厉地责备自己；

- 感觉如履薄冰；

- 沮丧。

德硕和文琪结婚多年，感情一直很好，唯一的遗憾是两人至今还没有宝宝。德硕觉得是文琪的饮食习惯导致她未能受孕。经过沟通，德硕表示愿意给文琪安排一年的饮食和作息计划，希望文琪能全力配合。德硕制定的计划非常详细，每天几点睡觉、几点起床、每一顿吃什么，都规划得清清楚楚，甚至连吃葡萄都规定了每一次吃的颗数。看到先生如此积极主动，文琪深受感动，答应会严格执行计划。

一年过去了，文琪依然没有怀上孩子。德硕开始给文琪制定更严苛的作息和饮食计划，并且完全禁止文琪外出就餐，要求文琪严格按照计划执行。文琪觉得先生在变本加厉地控制自己的作息、出游和交往，对此提出了抗议并表示不会因备孕而放弃正常的生活。德硕对文琪的反应非常冷淡，强硬地表示如果文琪不按计划备孕就离婚。

＜黄灯预警＞

完美主义者有三种类型，其一是对自身要求高、对旁人要求低；其二是对自身要求低、对旁人要求高；其三是对自身和旁人要求都很高。过度完美主义者总认为问题出现在对方身上，很少审视自身的实际情况，只会不断苛求对方。同时，这种完美要求会随着当事人的期望值而增加，苛求度也会随之升级。正如上述案例中，德硕不断要求文琪严格按照既定计划备孕，后期甚至变本加厉。

5. 其中一方是被遗弃者 / 被害妄想者 / 特权分子

（1）借由操控别人来保护自己，以避免真实或想象中的忧虑发生。

恐惧自己无法操控结果和后果。害怕被拒绝、被遗弃、被伤害。

（2）追求并渴望受到别人的尊敬，渴求权势或感情。

（3）用各种方法让伴侣照他 / 她的意思去做。

会对伴侣使用"总是""绝不""如果不是为了你……""都是因为你……"这样的表达。

（4）不管事情的原委如何，只要出错，责任都在对方。

茉莉是一名充满魅力的时尚女性，追求者众多，但从来没有一段感情能到达谈婚论嫁的地步。茉莉的恋爱信条是要时刻盯紧男朋友的行踪，她认为只要稍不留神，男友就会被抢走，这在她历任感情里无一例外。茉莉要求现任男友每隔一小时就要给她发微信，与别人一起时则要发照片汇报行踪。在男友的强烈要求下，茉莉约见了心理咨询师。

在咨询室里，茉莉谈及自己小时候的经历：在一个繁华的商场里，她和妈妈紧紧地拉着手，后来妈妈手里提的东西多了，不经意间松开了茉莉的小手，母女俩很快就被人流冲散了。茉莉至今还记得失散之后再找回妈妈时内心的惊慌、恐惧和绝望。从那时起，她就确信所有东西都需要用最大努力争取，到手之后一定要牢牢抓紧，否则会很快失去。

＜黄灯预警＞

茉莉是很典型的被遗弃者模式。当人在成长过程中有被遗弃、恐吓的经历，它给当事人带来的影响会一直伴随其身，并且很容易在生活中呈现。茉莉潜意识里觉得只要没有抓紧男友，就会失去，可往往抓得太紧又只会让对方逃离。越怕失去，就越容易失去。

6. 其中一人或两人都是易怒的人

（1）其中一人或是两人会习惯性地发怒，生活长期处于易怒的情绪模式。

（2）和一个易怒的人相爱，爱很快会被消耗完毕。无处不在的怒气会击毁亲密关系中的爱意、关心和感激。

（3）怒气会在两性间建立障碍，导致侵略性的行为发生。

花花和奥拓结婚多年，感情不俗，可让奥拓忍受不了的是花花的严重洁癖，只要奥拓不小心把东西掉到地上，花花就会从温顺的小绵羊变成咆哮的狮子，对奥拓大发雷霆。

< 黄灯预警 >

人只要遇到自认为不公平的事情就容易引发愤怒，伴侣之间如果不能察觉对方的"愤怒爆发点"，相处时就犹如向对方"扔鞭炮"，破坏和蚕食两人的关系。

7. "我爱你，但是……"

这是一些"情感两栖"综合征患者的习惯用语。它的伤人之处在于后半句在初期总被遮掩。起初不停地说"我爱你"，让你觉得被需要、被渴望、很特别，后半句却在某一天突然来临。

Katie 经常会问先生是否爱自己，这句话已经成了 Katie 的口头禅，每次都希望先生不厌其烦地给她肯定的回答。先生虽然每次都会回答，但面对每天随时随地"爱的轰炸"，他也感到烦不胜烦，终于有一次当 Katie 再问他时，他略带抱怨地回答："我爱你，但不要总是发问可以吗？"

< 黄灯预警 >

"我爱你，但是……"的句式很容易引发黄灯预警。说者无心，说这话的人总会带有一些小抱怨；但听者有意，他 / 她会听到"但是"后面的话语，而自动忽略前面那句"我爱你"，觉得自己的需求和渴望被完全否定，从而很容易引发进一步的争执。

这个句式可以修正成先说转折的抱怨部分，再表达爱意，这样对方会受用很多。对于改不了"但是……"的人，诸如上文例子中的先生，可以尝试说"其实我真的很烦你总是在问我，但是我真的很爱你"。

8. "变味"的吸引力

它是一种和伴侣刚在一起时你最吸引对方的特质，但后来却成了让对方嫌恶并离开你的原因。简单来说它是一种吸引力，然而这种吸引力最后却有可能"变味"。

一开始我们大多看不见潜在的问题。因为在两性关系初期，双方都表现出了最好的一面，再加上当人在"爱河"中时，会倾向于只看见自己想看见的，而忽略负面的部分。

某天，Coco和男友发生了这样一段对话：

女生：你爱我什么？

男生：你长得漂亮呀！

女生：那如果我没那么漂亮了，还爱我吗？

男生：呃，爱的。

女生：如果我不漂亮了，还爱吗？

男生：呃……

不知是谁给了男生勇气，说出这样毫无求生欲的答案，Coco听到也是一愣。她在"相恋一生"工作坊里求助咨询师，咨询师首先肯定了男生的坦诚，接着抛出了两个问题让Coco思考：（1）你担心自己不漂亮，男友就会离开，那你需要保持怎样的状态他才能不离开呢？（2）除了漂亮，你自己还有哪些特质能吸引男友呢？

＜黄灯预警＞

相爱并不仅仅是建立在"颜值"这个维度上的。今天享有22岁的青春靓丽，但往后总要接受岁月的洗礼。仅仅用外貌来吸引对方，那这种吸引势必是短暂且不持久的，这就是"变味的吸引力"。

要了解你和伴侣是否会出现吸引力"变味"，可以做做下面的测试：

回想一下你和伴侣间的差异，把这些差异尽量具体化，在未来十年到二十年里，这些差异将日渐增大，你是否能接受并继续活在这些差异中？

003 | 梦境破碎痛彻心扉，
科学应对失恋 15 问

　　失恋会给不同的人带来不同的经验和后果。而每个人面对失恋的心理和情绪反应都不同。回顾一下你在本篇章一开始写下的五个题目中的前三道题，看看自己是怎么回答的。

　　曾经有来访者提到，失恋最痛的莫过于彼此的人生再也没有任何关系，曾经的依赖不复存在，两个人在一起时建立的习惯也荡然无存；分手两年后，每次走在曾一起走过的路上，心脏都会有被狠狠撞击的感觉；听到对方的名字、看到对方的照片，还是会默默流泪，忍不住去问、去关注。很多关系在分离时通常都会有一方极度不忍和不舍，在这种情愫之下，他们会说"我的心碎了""我的思绪很混乱"等。

心碎的隐喻

　　虽然"心碎"是一种隐喻，但同样能清晰地表达出当事人对分离的痛楚。它作为一个情绪符号，实际想表达的是什么呢？它引申出来的意义和内涵又是怎样的？分手辅导师需要通过来访者的隐喻，捕捉到他／她内心真正的痛楚、悔恨或内疚，及其在这段关系里真正不舍和难以放下的心结。很多时候，来访者会对关系的结束百思不得其解，对彼此携手走过多年的艰难而最终未能修成正果完全不能释怀，所以会呈现一种"心碎"的状态。

思绪混乱的隐喻

伴侣关系从开始到成熟的过程，也是两人共同建造梦想的过程，这在心理学上被称为"共筑梦境"。在这个梦境中，每个人都希望梦想成真，而一旦分手，就意味着梦醒了。以前的海誓山盟仅仅只是一场梦，梦醒时分便回到现实，完全不知道前路应该如何走下去。因此，分手的人对这一切猝不及防，整个人完全处于一种无法思考的混乱状态，或许是心乱如麻、头脑一片空白，或许是脑袋里塞满了各种天马行空的想法，导致无法正常思考，工作甚至生活都没有办法继续。

在这种情况下，无论心碎还是思绪混乱，都需要辅导师协助来访者厘清这段关系从开始到结束的每一个环节，搞清楚伴侣双方究竟是如何从相爱走向分手的。我们为此提供了 15 个要点，帮助辅导师审视和了解来访者在整个历程中的所有细节，同时，也让辅导师明晰如何规避一些可能不经意就会陷进去的问题。

以下 15 个要点帮助辅导师了解来访者的整个恋爱历程，并在此基础上与来访者达成一些共识。

序号	关系细节要点	释义	关注度
1	相恋多少年?	时间长短决定关系的黏度,但并非正比关系;若两人已婚,则要分别了解相恋时间及结婚时间。	重点
2	怎样相识?	原始感情起点,分析复合的可能性;同时,必须了解要规避的话题和元素,避免触景生情。	
3	身体的亲密程度有多深?	亲密度、激情度和感情深浅成正比,可预估分手辅导难度及分手痛楚度。	
4	相恋的过程怎么样?	分析黏度和亲密度,了解关系是否处于特定场景(如异地恋、周末恋、地下恋等);了解需规避的话题和元素。	
5	对这份爱情的投入有多深?	对爱情的投入度越深,带来的依恋感越重,共同筑梦而梦碎后的心碎程度也越深。	重点
6	是谁首先提出的分手?	看似谁先提出分手谁就能占据主动位置,接受者往往被赋予受害者的角色,但其中往往掺杂着责任、道德、情感等多重因素;弄清谁先提出、谁主导、谁被主导,可以帮助来访者辨明事实和真相。	重点
7	怎样提出分手?	辨明分手理由、导火线、是否多次提出等要素。	
8	是否有性行为?	了解性行为的过程、频率、感受度,分析复合的可能性。	重点
9	彼此对关系的承诺有多深?	辨明是一纸婚书还是口头承诺;承诺是明确可落地执行的,还是虚无缥缈、镜花水月的。	重点
10	这是第几次分手?	人生的第几次分手,或这段关系的第几次分手;判断来访者的恋爱经验值和分手应对能力。	
11	是否第一次恋爱?	判断初恋情深还是有多次恋爱经验。	
12	两人的性格如何?	来访者自评,辨明对彼此的认识/了解/成见。	
13	周围的人给予的压力有多大?	对这段关系的认同/反对/阻挠。	
14	有没有支持系统?	家族与紧密的朋友圈,决定了当失恋创伤发生时被安抚还是被指责。	重点
15	分手是否涉及第三方关系?	并非指恋爱中的第三者,而是两人之外的关系,如父母、亲友、对方子女(如再婚)等。	

在曾经的历程中,你可能根本没有思考过这些需要双方达成共识的问题,处理得一塌糊涂。当再次回顾这段关系时,可以从中学到哪些求同存异的解决方法?如何在遇到分歧时达成一致?如何与伴侣一同面对艰难的时光,共同承担责任和后果?而对辅导师来说,通过对这些问题的梳理和学习,协助来访者获得更多经验,在进入一段新的关系时如果遇到相似情形也不至于重蹈覆辙。

004 | 我究竟要经历些什么？
创伤愈合十大心路历程

面对分手，每个人的心理和情绪反应都不同，但是创伤愈合的过程却大致相同，可分为以下 10 个历程：

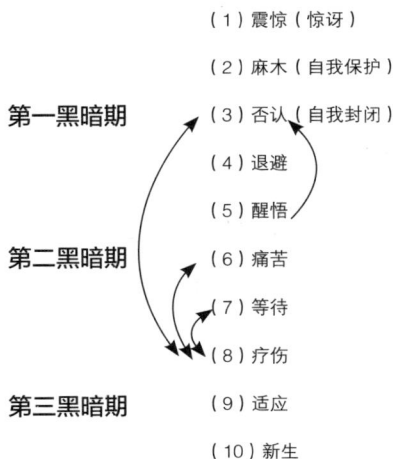

（1）震惊（惊讶）

（2）麻木（自我保护）

第一黑暗期 （3）否认（自我封闭）

（4）退避

（5）醒悟

第二黑暗期 （6）痛苦

（7）等待

（8）疗伤

第三黑暗期 （9）适应

（10）新生

在这 10 个历程里，我们可以根据愈合的情绪、状态和需求将其分为七个阶段。

第一阶段：震惊（第一历程）→ 麻木（第二历程）→ 否认（第三历程）

在这个阶段里，由于事件可能进展得非常快，辅导师需要从来访者的"震惊"和"麻木"历程中收集到具体的信息，包括分手的整个过程、来访者曾经做出的决定、曾做过的事情、有哪些支持系统、对方曾采取过什么行动等，再根据具体情况实施具体措施。

若来访者身处"否定"历程中，会短暂地恢复理性，首次真正地面对事实，这个过程也是他／她自我疗愈的开始。辅导师要留意在这个阶段里，事件的信息量是非常巨大的，来访者也很容易进入自我封闭的状态，而且往往也很容易被误读为妄想症或癔症。

第二阶段：退避（第四历程）→ 醒悟（第五历程）→ 否认（第三历程）

如果说第三历程"否认"是来访者退行到往昔生活的过去时态，那在第四历程"退避"中，来访者是活着痛苦的现在时态。这个阶段很容易被诊断成抑郁症或是双相情感障碍。

我们留意到，从第一到第五阶段，"否认"是重叠的，所以"否认"是一个高危的时间段，被称为分手创伤愈合阶段的第一个黑暗期。在这个阶段里，来访者很容易陷入自我封闭的状态，也极容易被误诊。

第三阶段：痛苦（第六历程）

第六个历程"痛苦"是第二个高危的阶段，因为来访者本身无法接受分手事实，完全处于一种混乱的状态，沉溺在痛苦中无法面对现实。这种混乱甚至会导致其想要放弃与外在的任何联系，比如将自己完全封闭起来，甚至是想要放弃自己的生命。

若处理得当，这个历程大约会持续三个月，最难熬的是第一个月，第二个月会出现一些反复，第三个月情况逐渐得到缓解。若处理不当，这个历程将可能持续极长的时间周期，来访者甚至有可能一辈子活在痛苦和纠缠中无法自拔。因此，这段"痛苦"历程被称为分手创伤愈合阶段的第二个黑暗期。

第四阶段：等待（第七历程）

"等待"是整个创伤愈合阶段的第七个历程，我们将其称为"枯木逢春"的时期。对来访者来说是一个寻找新机会、学习新生活方式的阶段，但也可能使其进入一段自我封闭的时期。

在这个历程里，来访者能开始看到新的希望，但尚不代表有新的开始。来访者会化身为一只"勤劳的小蜜蜂"，进入工作狂的模式，并伴随拒绝社交的行为。

第五阶段：疗伤（第八历程）

在"疗伤"历程中，来访者开始能处理痛苦情绪，建构人生的新希望；同时，辅导师也开始自我觉察。这个历程中，来访者脑海里很容易出现假象，会从逐渐觉察、摆脱痛苦的状态中复发或者反弹，回到之前"痛苦"和"等待"的历程。

因此，这个阶段对辅导师而言是巨大的考验，辅导师很容易在此阶段产生无力感、无助感和挫败感。而"疗伤"历程也被称为整个分手创伤愈合阶段的第三个黑暗期。这个黑暗期更多指向辅导师，需要辅导师更多观察自身的状态，随时留意是否需要对自己进行督导或援助。

第六阶段：适应（第九历程）

对来访者来说，"适应"历程是新生活的开始；对辅导师来说，则是一个引导和带领来访者学习新生活的开始，也是自己慢慢退出和来访者关系的阶段。辅导师需要从过往彼此高密度的关系中优雅得体地退出，腾出空间让来访者自我成长。

如果辅导师未能及时退出关系，就会很容易成为来访者的"精神拐棍"。当来访者完全依附在辅导师身上时，他／她就难以从这段分手关系中获得成长，甚至会引起反噬。

第七阶段：新生（第十历程）

"新生"是分手创伤愈合阶段的最后一个历程，来访者处于安全的状态，可以开始新的恋情。而辅导师在退出两个月后，需要跟来访者进行回访，用意义疗法、对比疗法和重塑思维等咨询工具重新处理来访者在"退避"和"醒悟"历程中被忽略的心理状况。

因为来访者前来寻求辅导时，往往已经处在"痛苦"历程中不能自拔，"退避"和"醒悟"历程所埋下的地雷还未被及时清理，只有把这些隐患最终处理掉，来访者才能真正从过去的经历中学到这些事件对他／她的意义。

辅导师无论从来访者的哪个历程开始介入，都务必跟来访者分析和预告他／她在下一个历程中会有怎样的情绪和状态。

例如，辅导师是在第三历程"否认"时介入的，在这个历程里来访者会不断陷入"他／她是不是还爱我"的思维语境中。辅导师此时就要告诉来访者，这个历程会持续的时间，以及当这段历程进入尾声时，下一个历程又会出现哪些状况。又如，在"退避"的历程中，辅导师会告诉来访者，他／她在这个历程中将会相当寂寞，甚至连跟别人打招呼的意愿都没有，以及这个历程大约会持续多长时间。

也就是说，**辅导师需要给来访者预示和预警，令来访者知道自己在历程里将会经历哪些状况，每段历程将持续多久，同时根据这些历程的时间长短，给出彼此约见的时间节点。** 如此，来访者就能清晰知晓自己的状况，无须在愈合的漫漫长路中反复感到痛苦和恐慌。他／她能明白，尽管当下甚至未来一段时间内仍会有痛感，但痛苦终将过去，历程总有尽头。这是辅导师能提供的重要提示，也是辅导师专业技能的最佳体现。

在整个辅导过程中，辅导师都要给来访者上一个"保险扣"：整个创伤愈合过程并不会一帆风顺，愈合路径不会是一条直线，而是呈波浪式前进的态势。正如来访者会对辅导师提出灵魂拷问，"为何我会反反复复？我究竟能不能好起来？"辅导师要及时向来访者解释，过往的创伤是高频度震动的，如今的波峰高度已经比以往降低了；以往的痛苦程度有 10 分，如今只有 5 分；创伤发作的频率会降低，例如从以往一天一次，到如今的一周一次……从这些方面都能看出我们是在波浪式前进的。

面对来访者穷追不舍地问自己何时才能痊愈，辅导师应该让其明白：即便在情绪波动的峰值人也是能自控的，令其明确知道每个历程的特征，而不会因受到些许刺激而陷入癫狂状态，以及创伤愈合都是波浪式前进的，直至最终恢复正常状态。

要知道，任何人的情绪和状态都是呈波浪式的，区别只在于是否自知，以及波浪是否可控。如果既不能自控，又不能自知何时会爆发，那这将是一段漫长的痛苦历程。只有知道自己为何出现这样的情绪，可以控制情绪爆发的程度，来访者才会慢慢趋向正常化。

附表：创伤愈合 10 大历程

	历程	阶段	情绪与状态	语言特征
1	震惊	第一阶段	·隐藏悲伤 ·惊讶	反复追问"为什么"
2	麻木	第一阶段	·自我保护，鸵鸟政策。 ·不愿意讨论相关话题，可能突然变成工作狂或某件事、某个爱好的狂热分子。 ·所有事情都没有发生，时间静止。	我睡一觉起来就没事了。
3	否认	第一／二阶段	·讨论相关话题时，采取否认的态度。 ·让自己避免疼痛。	·他／她还是爱我的，对吗？ ·这不是真的，他／她会回来的。
4	退避	第二阶段	·黎明前的黑暗 ·矛盾、孤单、寂寞 ·自我封闭，或会有抑郁症倾向 ·任何人都不要提及引发创伤的事件 ·不愿跟所有人见面，拒绝接触 ·静下来思考一下	
5	醒悟	第二阶段		是的，我意识到他／她离开了。
6	痛苦	第三阶段	无法接受现实，生气（泛化）、混乱、憎恨、拒绝援助、放弃自我／关系。	·继续问"为什么"。 ·我已经感受不到悲伤了。
7	等待	第四阶段	·枯木逢春。 ·尝试新事物，培养新的爱好，等待新的转机。可能会重修装修房子，或者换新发型。	
8	疗伤	第五阶段	·容易被旧情绪触发，甚至产生幻想 ·建筑与新期待之间的过渡	·我能关心他／她吗？ ·我们会复合吗？ ·我能帮他／她吗？
9	适应	第六阶段	·当给自己空间和时间后，会发觉自己已能逐渐适应改变。 ·开始有新的计划和想法。	·我会好起来的。 ·我真的能好起来吗？ ·我会有新的关系吗？
10	新生	第七阶段	·安全阶段 ·全新的生活开始，可以开始新的恋情 ·自我成长阶段	已常态化

需求	忌讳	持续时间
· 寻找支持系统 · 找身边可以给出答案的朋友	草率、迅速做出决定	短，几分钟／几小时／一周不等
· 无声的支持最佳，支持系统尤为重要，比如兄弟、闺蜜的陪伴。 · 饮食清淡为佳，减少刺激。	· 周围的人说"清醒点，那个人已经离开你了"之类的话。 · 酒精，容易失去理智，做出令自己后悔的事情。	1～6天，甚至3个月
· 同性的支持系统／社工 · 陪伴、观察情况的进展	重复、强调	可能会持续很长时间；且卷入越深，耗时越长。
· 渴望有人关心、鼓励 · 这是一个短暂的时间 · 接受分手是现实 · 不分手／分手的好处和不好分别是什么 · 不分手／分手的结果分析及接受度	· "忍耐一下啦""理性一点""想开点""TA是否值得你这么爱"等安慰或质疑的话语。 · 一群人开导当事人，被外表的刚强所蒙蔽。	持续很长一段时间
舒缓（负面的）情绪	· 质疑性的话语要慎重使用，强调可能性的存在。 · 避免肯定、决绝的话语。	1小时～1天，可能迅速得令人措手不及。
· 容许悲伤，不必擦眼泪，"尝试让眼泪流下来" · 被负能量攻击时，关闸，抽离 · 有效的求助	· 压抑悲伤的情绪 · 防止自杀	3个月或更长
独处、疗伤的时间	· 忘情于工作 · 接触与事件相关的人事物 · 开展新恋情 · 做出新的决定	时间长短取决于社会"支持系统"的支持程度。
· 接触新的人事物，培养新的爱好 · 细致，耐心	· 撩拨伤口，对旧有关系的回想、重建行为 · 以偏概全、不切实际的说法 · 切忌新感情投入	半年
陪伴	重要的抉择和决策	最少一个月
爱的投入	再次创伤（新的）	

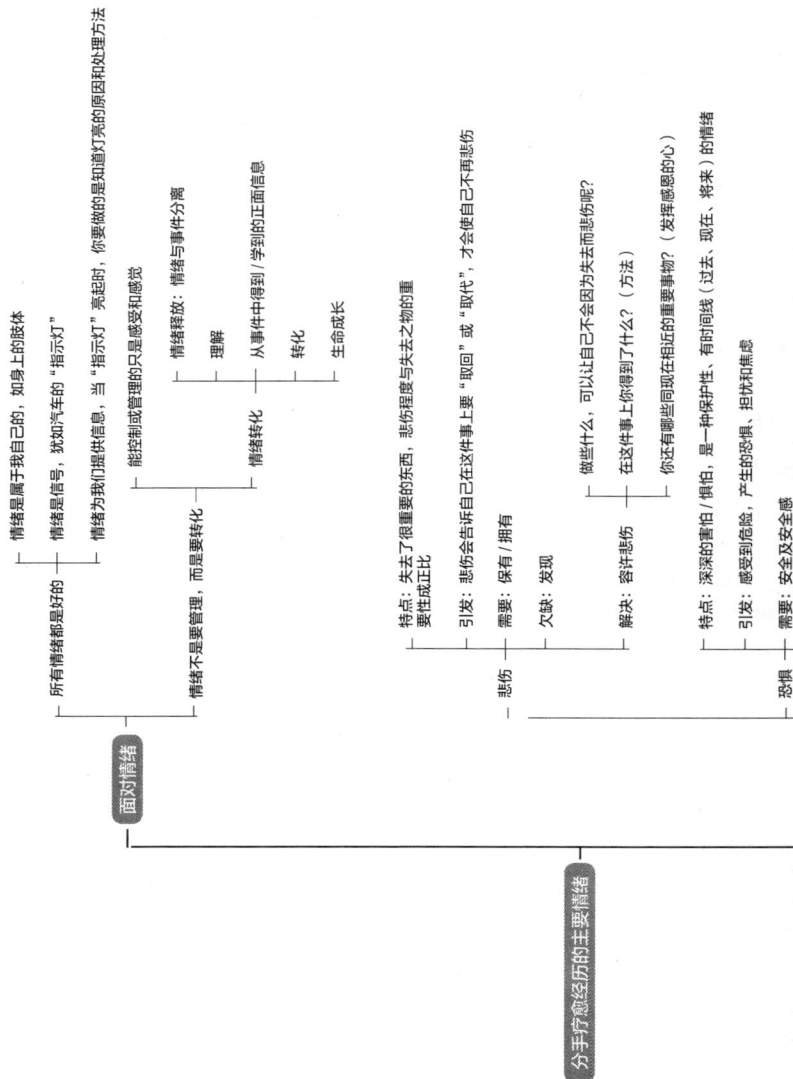

附：分手疗愈经历的主要情绪

面对情绪

- 所有情绪都是好的
  - 情绪是属于我自己的，如身上的肢体
  - 情绪是信号，犹如汽车的"指示灯"
  - 情绪为我们提供信息，当"指示灯"亮起时，你要做的是知道灯亮的原因和处理方法
- 情绪不是要管理，而是要转化
  - 能控制或管理的只是感受和感觉
    - 情绪释放：情绪与事件分离
    - 情绪转化
      - 从事件中得到/学到的正面信息
      - 理解
      - 转化
      - 生命成长

分手疗愈经历的主要情绪

- 悲伤
  - 特点：失去了很重要的东西，悲伤程度与失去之物的重要性成正比
  - 引发：悲伤告诉自己这件事上要"取回"或"取代"，才会使自己不再悲伤
  - 需要：保有/拥有
  - 欠缺：发现
  - 解决：容许悲伤
    - 做些什么，可以让自己不会因为失去而悲伤呢？
    - 在这件事上你得到了什么？（方法）
    - 你还有哪些当初相近的重要事物？（发挥感恩的心）
- 恐惧
  - 特点：深深的害怕/惧怕，是一种保护（过去、现在、将来）的情绪
  - 引发：感受到危险，产生的恐惧、担忧和焦虑
  - 需要：安全及安全感

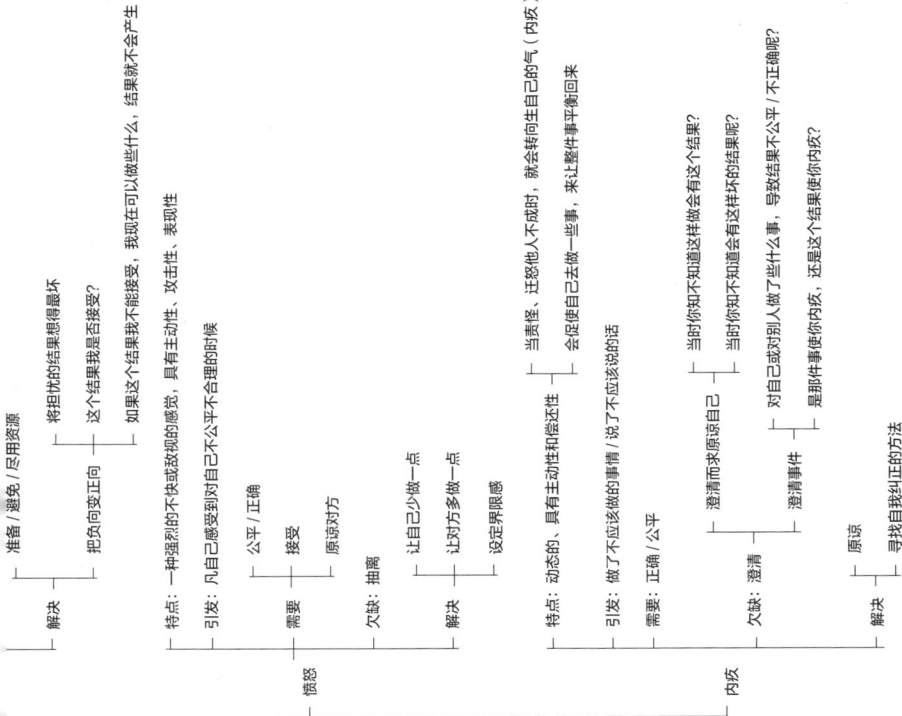

主要情绪

- 愤怒
  - 解决
    - 准备 / 避免 / 尽用资源
    - 把负向变正向
      - 将担忧的结果想得最坏
      - 这个结果我是否接受?
    - 如果这个结果我不能接受，我现在可以做些什么，结果就不会产生
  - 特点：一种强烈的不快或对他敌视的感觉，具有主动性、攻击性、表现性
  - 引发：凡自己感受到对自己不公平不合理的时候
  - 需要
    - 公平 / 正确
    - 接受
    - 原谅对方
  - 欠缺：抽离
  - 解决
    - 让自己少做一点
    - 让对方多做一点
    - 设定界限感
- 内疚
  - 特点：动态的，具有主动性和偿还性 —— 当责怪、迁怒他人不成时，就会转向生自己的气（内疚）→自残：情绪低落、划破手腕
  - 引发：做了不应该做的事情 / 说了不应该说的话 —— 会促使自己去做一些事，来让整件事平衡回来
  - 需要：正确 / 公平
    - 当时你知不知道做会有这个结果?
    - 当时你知不知道做了些什么，导致结果有这样坏的结果?
  - 欠缺：澄清
    - 澄清而求原谅自己
    - 澄清事件
      - 对自己或别人做了些什么，导致结果不公平 / 不正确呢?
      - 是那件事使你内疚，还是这个结果使你内疚?
  - 解决
    - 原谅
    - 寻找自我纠正的方法